100만 중국어 학습자가 선택한 **중국어 회화 시리즈 베스트셀러!**
『**맛있는 중국어**』 회화 시리즈가 6단계로 개편됩니다.

구판

맛있는 중국어
Level ❶ 上

맛있는 중국어
Level ❶ 下

맛있는 중국어
Level ❷

맛있는 중국어
Level ❸

맛있는 중국어
Level ❹

맛있는 중국어
Level ❺

최신개정판

맛있는 중국어
Level ❶ 첫걸음

맛있는 중국어
Level ❷ 기초 회화

맛있는 중국어
Level ❸ 초급 패턴1

맛있는 중국어
Level ❹ 초급 패턴2

맛있는 중국어
Level ❺ 스피킹

맛있는 중국어
Level ❻ 중국통

회화

첫걸음·초급
▶ 중국어 발음과 기본 문형 학습
▶ 중국어 뼈대 문장 학습

초·중급
▶ 핵심 패턴 학습
▶ 언어 4대 영역 종합 학습

맛있는 중국어
Level ❶ 첫걸음

맛있는 중국어
Level ❷ 기초 회화

맛있는 중국어
Level ❸ 초급 패턴1

맛있는 중국어
Level ❹ 초급 패턴2

맛있는 중국어
Level ❺ 스피킹

맛있는 중국어
Level ❻ 중국통

기본서

▶ 재미와 감동, 문화까지 **독해**
▶ 어법과 어감을 통한 **작문**
▶ 60가지 생활 밀착형 회화 **듣기**

▶ 이론과 트레이닝의 결합! **어법**
▶ 듣고 쓰고 말하는 **간체자**

맛있는 중국어 독해 ❶❷

맛있는 중국어 작문 ❶❷

맛있는 중국어 듣기

NEW 맛있는 중국어 어법

맛있는 중국어 간체자

비즈니스

맛있는
비즈니스 중국어
Level ❶ 첫걸음

맛있는
비즈니스 중국어
Level ❷ 일상 업무

맛있는
비즈니스 중국어
Level ❸ 중국 출장

맛있는
비즈니스 중국어
Level ❹ 실전 업무

▶ 비즈니스 중국어 초보 탈출! **첫걸음**
▶ 중국인 동료와 의사소통이 가능한 **일상 업무편**
▶ 입국부터 출국까지 완벽 가이드! **중국 출장편**
▶ 중국인과의 거래, 이젠 자신만만! **실전 업무편**

100만 독자의 선택
맛있는 중국어 HSK 시리즈

기본서

▶ **시작**에서 **합격**까지 **4주** 완성
▶ **모의고사 동영상** 무료 제공(6급 제외)
▶ **기본서+해설집+모의고사** All In One 구성
▶ **필수 단어장** 별책 제공

| 맛있는 중국어 HSK 1~2급 첫걸음 | 맛있는 중국어 HSK 3급 | 맛있는 중국어 HSK 4급 | 맛있는 중국어 HSK 5급 | 맛있는 중국어 HSK 6급 |

모의고사

맛있는 중국어 HSK 1~2급 첫걸음 400제 맛있는 중국어 HSK 3급 400제 맛있는 중국어 HSK 4급 1000제 맛있는 중국어 HSK 5급 1000제 맛있는 중국어 HSK 6급 1000제

▶ 실전 HSK **막판 뒤집기!**
▶ 상세하고 친절한 **해설집** PDF 파일 제공
▶ 학습 효과를 높이는 **듣기** MP3 파일 **제공**

단어장

맛있는 중국어 HSK 1~4급 단어장 맛있는 중국어 HSK 1~3급 단어장 맛있는 중국어 HSK 4급 단어장 맛있는 중국어 HSK 5급 단어장

▶ 주제별 분류로 **연상 학습** 가능
▶ HSK **출제 포인트**와 **기출 예문**이 한눈에!
▶ **단어 암기**부터 HSK **실전 문제 적용**까지 한 권에!
▶ 단어&예문 **암기 동영상** 제공

쉽게! 재미있게! 가볍게! 반복적으로!
다양한 무료 콘텐츠로 『맛있는 중국어』를 즐기세요!

 워크북(별책)

본책에서 학습한 내용을 복습할 수 있습니다.

 핵심 문장 카드

5단계의 핵심 문장을 정리해 놓았습니다. 잘라서 카드 링으로 연결하면 학습하기 편리합니다.

 단어 카드(PDF 파일 다운로드)

각 과의 학습 단어가 정리되어 있습니다. 파일을 다운로드하여 스마트폰 등에 담아 틈틈이 단어를 암기할 수 있습니다.

복습용 워크시트(PDF 파일 다운로드)

각 과의 학습 단어와 핵심 문장을 써보며 복습할 수 있습니다.

 암기 동영상

깜빡이 학습법으로 각 과에 나온 모든 단어를 자동으로 암기할 수 있습니다.

트레이닝 듣기

각 과의 시작 페이지에 있는 QR 코드를 스캔하면 듣고 따라 말하는 트레이닝 버전의 듣기 파일을 들을 수 있습니다.

 유료 **동영상 강의**(할인 쿠폰 수록)

초중급 학습자들을 위해 중국어의 듣기와 말하기를 중점적으로 혼자서 학습할 수 있게 알려 줍니다.

최신 개정

맛있는 중국어
Level ⑤ 스피킹

JRC 중국어연구소 기획·저

맛있는 books

최신 개정

맛있는 중국어 Level ❺ 스피킹

제1판　1쇄 발행　2006년　8월　15일
제2판　1쇄 발행　2012년　8월　27일
제2판　27쇄 발행　2020년　5월　25일
제3판　1쇄 발행　2021년　8월　10일
제3판　4쇄 발행　2024년　3월　5일

기획·저	JRC 중국어연구소
발행인	김효정
발행처	맛있는books
등록번호	제2006-000273호
편집	최정임
디자인	이솔잎
조판	이호영
제작	박선희
삽화	박은미
녹음	ㅣ중국어ㅣ위하이펑ㅣ차오훙메이
	ㅣ한국어ㅣ오은수ㅣ심규혁

주소	서울시 서초구 명달로 54 JRC빌딩 7층
전화	구입문의 02·567·3861 ㅣ 02·567·3837
	내용문의 02·567·3860
팩스	02·567·2471
홈페이지	www.booksJRC.com

ISBN	979-11-6148-057-2 14720
	979-11-6148-051-0 (세트)
정가	17,000원

머리말

『맛있는 중국어』 회화 시리즈는 중국어를 '쉽고 재미있게' 배울 수 있도록 2002년부터 JRC 중국어연구소에서 오랫동안 연구 개발한 교재입니다. 2002년 처음으로 교재로 사용되었으며, 2005년 정식 출간된 후 다양한 교육 현장에서 사용되어 베스트셀러로 자리매김하였습니다. 이후 한 차례의 개정을 통해 지금까지 모두 100만 부가 판매되는 놀라운 기록을 달성하였습니다.

『맛있는 중국어』 최신 개정판은 몇 년 전부터 기획되어 진행되었으며 오랜 고민과 노력을 통해 재탄생하였습니다. 중국어를 쉽고 재미있게 배워야 한다는 기존 콘셉트를 최대한 유지하면서, 시대의 변화를 반영하고 학습의 편의성을 실현하는 데 개편의 중점을 두었습니다.

기존의 『맛있는 중국어 Level ①~⑤』는 『맛있는 중국어 Level ①~⑥』 총 6단계로 개편되었으며 듣기, 말하기, 읽기, 쓰기를 모두 자연스레 익힐 수 있도록 구성하였습니다.

제1단계, 제2단계는 중국어 발음과 기초 회화 학습에 중점을,
제3단계, 제4단계는 중국어의 뼈대를 세우고 어순 훈련 및 회화 학습에 중점을,
제5단계, 제6단계는 상황별 회화와 관용 표현 및 작문 학습에 중점을 두었습니다.

별책으로 제공되는 『워크북』에는 효과적인 복습을 도와주는 학습 노트를 담았으며, 「복습용 워크시트」, 「단어 카드」 등을 별도로 구성하여 학습에 도움을 주고자 최대한 노력하였습니다.

중국어를 어떻게 하면 잘할 수 있을까요?
영어처럼 10년을 공부하고도 한마디도 말할 수 없다면……

『맛있는 중국어』 회화 시리즈는 여러분이 맛있고 재미있게 중국어를 학습할 수 있도록 모든 재료를 갖추어 놓았습니다. 하지만 여러분이 직접 요리하지 않는다면 소용없겠죠? 언어는 어떻게 시작하느냐가 중요합니다. '읽기 위주의 학습 습관'에서 벗어나, 어린아이가 처음 말을 배울 때처럼 '귀로 듣고 입으로 따라하기' 위주로 중국어를 시작해 보세요. 그리고 꾸준히 즐겁게 학습해 보세요! 어느새 중국어가 입에서 술술~ 재미가 솔솔~ 여러분의 향상된 중국어를 체험하실 수 있을 겁니다.

지금까지 현장에서 끊임없이 의견을 주신 선생님들과 최고의 교재를 만들고자 오랜 고민과 노력을 기울인 맛있는북스 식구들, 그리고 지금까지 『맛있는 중국어』를 사랑해 주신 모든 독자분들께 다시 한번 감사의 인사를 전하며, 이 책이 여러분의 중국어 회화 성공에 도움이 되기를 진심으로 바랍니다.

JRC 중국어연구소 김효정

차례

과	단원명	핵심 문장	학습 포인트		플러스 코너
1	好久不见! 오랜만이네요!	• 没想到我的同桌也来了。 • 不光长得漂亮了，而且性格也活泼了。 • 如果她不介绍自己，我都认不出来了。	표현	안부 인사 나누기 상황별 인사 표현 익히기	스피킹 표현 다양한 상황의 인사
			어법	没想到 不光…而且… 동사+不出来	
2	你平时几点起床? 당신은 평소 몇 시에 일어나요?	• 除了星期天以外，我都起得很早。 • 一玩儿起来能玩儿到凌晨两三点。 • 我每天忙得要命。	표현	하루 일과 묻고 답하기 범위와 정도 표현 익히기	문화 중국의 시차
			어법	除了…以外 동사+起来 동사·형용사+得要命	
3	我看你心情不好。 보아하니 당신은 기분이 좋지 않은 것 같아요.	• 说不定能放松。 • 要不吃点儿巧克力怎么样? • 那我一个月的努力就白费了。	표현	기분 묻고 답하기 심리 상태와 추측 표현 익히기	스피킹 표현 기분이나 심리 상태를 말할 때
			어법	说不定 要不 白+동사	
4	吃得太饱了，吃不下了。 너무 배부르게 먹어서 더 못 먹겠어요.	• 冰箱里只有几个鸡蛋。 • 说做就做。 • 这样既简单又好吃的鸡蛋炒饭就做好了!	표현	식사할 때 쓰는 표현 익히기 요리할 때 쓰는 표현 익히기	문화 중국의 특이한 음식 이름
			어법	只有 说…就… 既…又…	
5	你猜他多大年纪? 저 분의 연세가 어떻게 되는지 맞혀 볼래요?	• 因为他们动不动就吵架。 • 阿美本来以为他是个好人。 • 原来他是个花心大萝卜。	표현	사람을 묘사하는 표현 익히기 인물의 외모 설명하기	스피킹 표현 외모에 대해 말할 때
			어법	动不动 以为 原来	
6	你有什么爱好? 당신은 무슨 취미가 있나요?	• 我平时下班晚，懒得去健身房。 • 不到半年，我就变胖了。 • 再不运动，就要生病了。	표현	자신의 취미 설명하기 취미 관련 표현 익히기	스피킹 표현 취미나 관심 분야를 말할 때
			어법	懒得+동사 变 再不…就…了	
7	这次饶了我吧。 이번에는 나 좀 봐줘요.	• 他一点儿也没嫌麻烦。 • 小林觉得来不及了。 • 两个人越聊越投机。	표현	전화 통화할 때 쓰는 표현 익히기 약속에 못 갈 때 쓰는 표현 익히기	스피킹 표현 약속이나 연애에 대해 말할 때
			어법	嫌 来不及 越…越…	

과	단원명	핵심 문장	학습 포인트		플러스 코너
8	听说明天雾霾很严重。 듣자 하니 내일 미세먼지가 심하대요.	· 这次不能再忘了。 · 呆在家里算了。 · 我差点儿忘了。	표현	날씨에 대해 설명하기 일기 예보에 쓰이는 표현 익히기	스피킹 표현 날씨를 말할 때
			어법	不能再…了 算了 差点儿	
9	花钱容易挣钱难啊! 돈을 쓰기는 쉽지만 벌기는 어려워요!	· 不管是逛商店，还是在网上买东西，我都喜欢。 · 虽然工资不高，可是花钱的地方却很多。 · 我认为挣钱就是为了享受。	표현	쇼핑할 때 쓰는 표현 익히기 조건 관계 구문 익히기	노래 茉莉花
			어법	不管…都… 虽然…可是… 是为了	
10	你哪儿不舒服? 당신은 어디가 불편하세요?	· 以前也发炎过，医生让我拔掉它。 · 这次疼得受不了了。 · 非拔掉它不可了。	표현	병원에서 쓰는 표현 익히기 병의 증상 표현 익히기	스피킹 표현 병원 진료를 받을 때
			어법	동사+掉 …得受不了 非…不可	
11	你又得了奖学金。 당신은 또 장학금을 받았군요.	· 我好不容易弄到了复习资料。 · 心想这次考试不至于不及格吧。 · 考试那天我偏偏感冒了。	표현	학교 생활 관련 표현 익히기 정도 예측 표현 익히기	시 长歌行
			어법	好不容易 不至于 偏偏	
12	那要绕很远。 그럼 멀리 돌아가야 해요.	· 我正要坐，突然旁边的一个人挤过来。 · 我心想终于可以坐下来睡觉了。 · 吵得我睡不着。	표현	대중교통 이용하기 교통수단 관련 표현 익히기	스피킹 표현 운전에 대해 말할 때
			어법	正要 동사+下来 동사·형용사+得+정도보어	
13	我终于找到工作了! 나는 드디어 취직했어요!	· 工资高的公司又看不上我。 · 幸好父母一直鼓励我，让我别着急。 · 难道我真的找不到这样的工作吗?	표현	직업 설명하기 직장에 관한 표현 익히기	스피킹 표현 직장 생활에 대해 말할 때
			어법	看不上 幸好 难道	
14	我们收拾行李吧。 우리 짐을 정리해요.	· 朋友说这次就全靠我了。 · 自助游不如跟团游便宜。 · 难得出去一趟，要玩儿得开心、自在才对。	표현	여행 관련 표현 익히기 '～만 못하다' 비교 표현 익히기	문화 중국의 4대 고도 (中国四大古都)
			어법	靠 不如 难得	

맛있는 중국어 Level ❶ 첫걸음 & ❷ 기초 회화 & ❸ 초급 패턴1

과	Level❶ 학습 포인트
1	발음 성조와 단운모 알기
2	발음 복운모, 비운모, 권설운모 알기
3	발음 쌍순음, 순치음, 설첨음, 설근음 알기
4	발음 설면음, 권설음, 설치음 알기
5	발음 i(yi) 결합운모 알기
6	발음 u(wu) 결합운모 알기
7	발음 ü(yu) 결합운모 알기
8	발음 성조 변화 알기

과	Level❶ 학습 포인트
9	어법 인칭대사 | 동사술어문 | 也와 都
10	어법 형용사술어문 | 지시대사 | 哪个 | 정도부사
11	어법 목적어의 위치 | 什么 | 怎么样
12	어법 是자문 | 조사 的 | 谁
13	어법 동사 在 | 哪儿 | 这儿과 那儿
14	어법 명사술어문 | 숫자 읽기 | 시간 표현법
15	어법 有자문 | 和
16	어법 양사 | 이중목적어

과	Level❷ 학습 포인트
1	어법 이름을 묻는 표현 | 认识你，很高兴
2	어법 인사 표현 早 | 국적을 묻는 표현
3	어법 가족 수를 묻는 표현 | 주술술어문
4	어법 나이를 묻는 표현 | 多+형용사 | 개사 在
5	어법 여러 가지 방위사 | 존재문 | 생략형 의문문을 만드는 呢
6	어법 여러 가지 시간사(1) | 연월일 및 요일 표시법
7	어법 여러 가지 시간사(2) | 연동문
8	어법 어기조사 吧 | 개사 给

과	Level❷ 학습 포인트
9	어법 방향보어 | 조사 了 | 不와 没有
10	어법 조동사 会 | 一点儿
11	어법 동작의 진행
12	어법 조사 过 | 조사 的
13	어법 조동사 想 | 怎么 | 坐와 骑
14	어법 欢迎光临 | 조동사 要
15	어법 가격을 묻는 표현 | 금액 읽는 법
16	어법 听说 | 是的

과	Level❸ 학습 포인트
1	어법 来 | 양사 位 | 부사 多
2	어법 동사+在 | 不…也不… | 就是 | 有点儿
3	어법 一边…，一边… | 선택의문문 | 有的人… | 一次也没…(过)
4	어법 조동사 能 | 어기조사 了(1) | 동태조사 了 | 打算
5	어법 동태조사 着 | 正在…(呢) | 동량사 次 | 동사 중첩
6	어법 从 | 정도보어 | 太…了
7	어법 去와 走 | 往 | 到 | 离

과	Level❸ 학습 포인트
8	어법 比 | 觉得 | 跟…一样
9	어법 多…啊 | 好像 | 帮 | …，好吗?
10	어법 결과보어 | 又…又… | …极了
11	어법 방향보어 | …的时候 | 축하와 기원의 표현
12	어법 양사 | 가능보어 | 如果…就
13	어법 결과보어 给 | 哪儿有…啊 | 把자문
14	어법 어기조사 了(2) | 형용사 중첩 | 快…了

맛있는 중국어 Level ❹ 초급 패턴2 & ❻ 중국통

9

이 책의 **구성**

『최신 개정 맛있는 중국어 Level ❺ 스피킹』은 외국어 학습의 핵심인 듣기와 말하기 능력 배양에 중점을 두어 반복 학습으로 **중국어 스피킹 실력을 한층 업그레이드**할 수 있도록 구성되어 있습니다.

학습 포인트

주요 학습 내용을 미리 확인할 수 있습니다. 말하기 연습을 할 수 있는 「트레이닝 듣기」는 예습용 또는 복습용으로 활용해 보세요.

맛있는 회화

일상생활과 밀접한 주제로 대화문을 구성하여 실용적이며 활용도 높은 문장 학습을 통해 자연스러운 중국어 표현이 가능합니다.

단어

학습 단어를 알아보기 쉽게 정리했습니다.

확인 학습

「맛있는 회화」의 내용을 제대로 이해했는지 문제를 통해 확인할 수 있습니다.

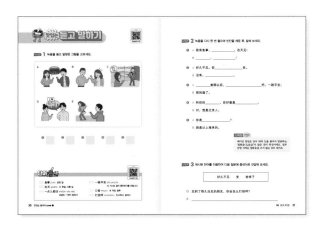

맛있는 듣고 말하기

다양한 문장을 듣고 문제를 풀며 듣기 실력 향상과 동시에 새로운 표현들을 익히고, 그 표현들을 활용해서 말하기 연습까지 할 수 있습니다.

맛있는 이야기

각 과의 주제와 관련된 내용의 이야기를 읽고 문제를 풀며 독해 학습을 할 수 있습니다. 문장 중에 핵심 표현이 녹아 있어 자연스럽게 어법 학습이 가능합니다.

맛있는 어법

각 과의 핵심 어법이 체계적으로 정리되어 있으며 「해석하기」와 「중작하기」 문제를 통해 학습 내용을 점검할 수 있습니다.

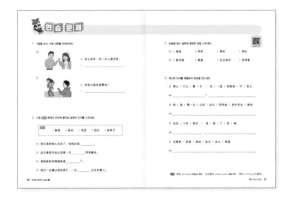

연습 문제

듣기, 말하기, 읽기, 쓰기 등 다양한 문제로 각 과의 학습 내용을 충분히 복습할 수 있습니다.

플러스 코너

「스피킹이 강해지는 중국어 표현」, 「중국 문화」, 「노래로 즐기는 중국어」 등 다양한 코너를 통해 중국어 학습에 재미를 더했습니다.

종합 평가

5단계의 주요 학습 내용으로 문제가 구성되어 있습니다. 문제를 풀며 자신의 실력을 체크해 보세요.

핵심 문장 카드

5단계의 핵심 문장을 정리해 놓았습니다. 녹음을 들으며 중국어가 자연스럽게 나올 때까지 연습해 보세요.

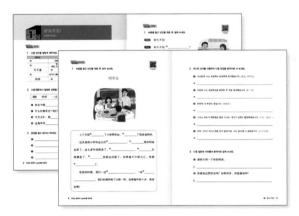

워크북(별책)

빈칸 채우기, 듣고 받아쓰기, 질문에 중국어로 답하기, 중작하기 등 다양한 코너로 학습한 내용을 복습해 보세요.

🎁 무료 콘텐츠

단어 카드(PDF 파일)

각 과의 학습 단어가 정리되어 있습니다. PDF 파일을 다운로드하여 스마트폰 등에 담아 틈틈이 단어를 암기할 수 있습니다.

복습용 워크시트(PDF 파일)

각 과의 학습 단어와 「맛있는 회화」, 「맛있는 듣고 말하기」, 「맛있는 이야기」의 핵심 문장을 써보며 복습할 수 있습니다.

암기 동영상

깜빡이 학습법으로 각 과에 나온 모든 단어를 자동으로 암기할 수 있습니다.

* 단어 카드, 복습용 워크시트는 맛있는북스 홈페이지의 「**자료실**」에서 다운로드할 수 있습니다.

MP3 파일 이용법

🎧 MP3 파일 듣는 방법

방법1

책 속의 **QR 코드를 스캔**하면 녹음을 들을 수 있습니다.

방법2

맛있는북스 홈페이지에 로그인한 후 MP3 파일을 다운로드할 수 있습니다.

🎧 MP3 파일 폴더 구성

1 　**본책**　 본책의 「맛있는 회화」, 「단어」, 「맛있는 듣고 말하기」, 「맛있는 이야기」, 「연습 문제」, 「종합 평가」, 「핵심 문장 카드」 등의 녹음 파일이 들어 있습니다.

＊ 트랙 번호 보는 방법　　과 번호 ─────────┐　　┌───────── 트랙 번호

Track01·01

2 　**트레이닝**　 각 과의 시작 페이지에 있는 **트레이닝 듣기**의 녹음 파일이 들어 있습니다.

3 　**워크북**　 별책으로 제공되는 워크북의 녹음 파일이 들어 있습니다.

4 　**단어 카드**　 무료 콘텐츠로 제공되는 단어 카드의 녹음 파일이 들어 있습니다.

🎧 트레이닝 듣기 MP3 파일 구성

단어	중국어-우리말 듣기 → (한 단어씩) 따라 읽기 → 우리말 듣고 중국어로 말하기

⬇

맛있는 회화	중국어 듣기 → (한 문장씩) 따라 읽기 → 우리말 듣고 중국어로 말하기

⬇

맛있는 듣고 말하기	중국어 듣기 → (한 문장씩) 따라 읽기 → 우리말 듣고 중국어로 말하기

⬇

맛있는 이야기	중국어 듣기 → (한 문장씩) 따라 읽기

본책 　트레이닝 듣기 　워크북

단어 카드 　암기 동영상 　복습용 워크시트

WEEK 01

Day 01	Day 02	Day 03	Day 04	Day 05
월　일	월　일	월　일	월　일	월　일
17~26쪽	27~31쪽	32~35쪽	36~38쪽	39~43쪽
	2~3쪽	4~5쪽	1과	6~7쪽
0과	1과	1과	1과	2과

WEEK 02

Day 06	Day 07	Day 08	Day 09	Day 10
월　일	월　일	월　일	월　일	월　일
44~50쪽	51~55쪽	56~59쪽	60~62쪽	
8~9쪽 2과	10~11쪽	12~13쪽	3과	1~3과 내용 복습
2과	3과	3과	3과	

WEEK 03

Day 11	Day 12	Day 13	Day 14	Day 15
월　일	월　일	월　일	월　일	월　일
63~67쪽	68~74쪽	75~79쪽	80~83쪽	84~86쪽
14~15쪽	16~17쪽 4과	18~19쪽	20~21쪽	5과
4과	4과	5과	5과	5과

WEEK 04

Day 16	Day 17	Day 18	Day 19	Day 20
월　일	월　일	월　일	월　일	월　일
87~91쪽	92~98쪽	99~103쪽	104~110쪽	
22~23쪽	24~25쪽 6과	26~27쪽	28~29쪽 7과	4~7과 내용 복습
6과	6과	7과	7과	

WEEK 05

Day 21	Day 22	Day 23	Day 24	Day 25
월 　 일	월 　 일	월 　 일	월 　 일	월 　 일
111~115쪽	116~119쪽	120~122쪽	123~127쪽	128~134쪽
30~31쪽	32~33쪽	8과	34~35쪽	36~37쪽 9과
8과	8과	8과	9과	9과

WEEK 06

Day 26	Day 27	Day 28	Day 29	Day 30
월 　 일	월 　 일	월 　 일	월 　 일	월 　 일
135~139쪽	140~146쪽	147~151쪽	152~158쪽	8~11과 내용 복습
38~39쪽	40~41쪽 10과	42~43쪽	44~45쪽 11과	
10과	10과	11과	11과	

WEEK 07

Day 31	Day 32	Day 33	Day 34	Day 35
월 　 일	월 　 일	월 　 일	월 　 일	월 　 일
159~163쪽	164~167쪽	168~170쪽	171~175쪽	176~179쪽
46~47쪽	48~49쪽	12과	50~51쪽	52~53쪽
12과	12과	12과	13과	13과

WEEK 08

Day 36	Day 37	Day 38	Day 39	Day 40
월 　 일	월 　 일	월 　 일	월 　 일	월 　 일
180~182쪽	183~187쪽	188~194쪽	12~14과 내용 복습	핵심 문장 카드 + 종합 평가
13과	54~55쪽	56~57쪽 14과		
13과	14과	14과		

大家好!

여러분, 안녕하세요!

처음에는 재미있던 중국어가 요즘 좀 어렵게 느껴지진 않나요?
기본 어법과 초급 생활 회화를 모두 익혔지만,
정작 중국인과 대화를 하려면 생각처럼 말이 나오지 않는다고요?
동민(东民 Dōngmín), 샤오잉(小英 Xiǎoyīng), 아메이(阿美 Āměi),
샤오린(小林 Xiǎolín)의 중국 생활 이야기를 통해
여러분의 입과 귀가 번쩍 트일 수 있을 거예요!
우리와 함께 맛있는 중국어를 공부해 보아요! 加油!

일러두기

◆ 품사 약어표

품사명	약어	품사명	약어	품사명	약어
명사	명	고유명사	고유	조동사	조동
동사	동	인칭대사	대	접속사	접
형용사	형	의문대사	대	감탄사	감탄
부사	부	지시대사	대	접두사	접두
수사	수	어기조사	조	접미사	접미
양사	양	동태조사	조		
개사	개	구조조사	조		

◆ 고유명사 표기

① 중국의 지명, 기관 등의 명칭은 중국어 발음을 우리말로 표기하는 것을 원칙으로 했습니다.
　단, 우리에게 한자 독음으로 잘 알려진 고유명사는 한자 독음으로 표기했습니다.

　예 北京 Běijīng 베이징　　万里长城 Wànlǐ Chángchéng 만리장성

② 인명은 각 나라에서 실제로 읽히는 발음을 우리말로 표기했습니다.

　예 李东民 Lǐ Dōngmín 이동민　　张小英 Zhāng Xiǎoyīng 장샤오잉　　安娜 Ānnà 안나

START!

0과

4단계
복습

트레이닝 듣기

Track00과

1 是…的

시간	我是去年八月来的。	나는 작년 8월에 왔어요.
장소	我是从韩国来的。	나는 한국에서 왔어요.
방식	我是坐飞机来的。	나는 비행기를 타고 왔어요.
목적	我是来学汉语的。	나는 중국어를 배우러 왔어요.
대상	我是跟朋友一起来的。	나는 친구와 같이 왔어요.

2 복합방향보어

	上 shàng 오르다	下 xià 내려가다	进 jìn 들다	出 chū 나가(오)다	回 huí 되돌아가(오)다	过 guò 건너다	起 qǐ 일어나다
来 lái 오다	上来 shànglai 올라오다	下来 xiàlai 내려오다	进来 jìnlai 들어오다	出来 chūlai 나오다	回来 huílai 돌아오다	过来 guòlai 건너오다	起来 qǐlai 일어나다
去 qù 가다	上去 shàngqu 올라가다	下去 xiàqu 내려가다	进去 jìnqu 들어가다	出去 chūqu 나가다	回去 huíqu 돌아가다	过去 guòqu 건너가다	×

请把垃圾捡起来。 쓰레기를 주우세요.

3 가능보어

① **동사 + 得/不 + 결과보어/방향보어**

今天晚上八点以前回得来吗？ 오늘 저녁 여덟 시 이전에 돌아올 수 있어요?

② **동사 + 得了(de liǎo)/不了(bu liǎo)**

五瓶啤酒，他一个人喝得了。 맥주 다섯 병을 그는 혼자서 마실 수 있어요.

4 시량보어

① 동사 + 목적어 + 동사 + 시량보어   또는   동사 + 시량보어 + (的) + 목적어

他学汉语学了一年。 그는 1년 동안 중국어를 배웠어요.
(= 他学了一年的汉语。)

② 주어 + 동사 + 시량보어

我等了两个小时。 나는 두 시간 동안 기다렸어요.

동사 + 인칭대사 + (동사) + 시량보어

我等你等了两个小时。 나는 당신을 두 시간 동안 기다렸어요.

③ 동사 + 了 + 시량보어 + 了

我等了你两个小时了。 나는 당신을 두 시간째 기다리고 있어요.

5 把자문

주어 + 把 + 목적어 + 동사 + 在/到/成

① 在 : 我把书包放在桌子上了。 나는 책가방을 책상에 두었어요.
② 到 : 你把车停到那儿吧。 당신은 차를 거기에 주차하세요.
③ 成 : 我想把旧电脑换成新的。 나는 헌 컴퓨터를 새 것으로 바꾸고 싶어요.

6 被자문

주어[피해자] + (부정부사/조동사/시간부사) + 被 + 목적어[가해자] + 동사 + 기타 성분[了, 보어 등]

我被一辆车撞了。 나는 차 한 대에 치였어요.

我没被爸爸打。 나는 아버지에게 맞지 않았어요.

7 让

① ~하게 하다[사역] : 주어[행위 주체] + 让/叫 + 목적어[행위 객체] + 동사

老师让学生做作业。 선생님은 학생들에게 숙제를 하게 해요.

② 양보하다 : 请让一下。 좀 비켜 주세요.

② 당하다[피동] : 我的照相机让他拿走了。 내 사진기는 그가 가져갔어요.

8 别

别 + 동사 + (了)

别吃太多甜的。 단 것은 너무 많이 먹지 마세요.

9 동량사

① 遍 : 这本书我看过一遍。 이 책을 나는 한 번 본 적이 있어요.
[이 책을 처음부터 끝까지 다 읽었다는 의미]

② 次 : 这本书我看过一次。 이 책을 나는 한 번 본 적이 있어요.
[이 책을 한 번 본 적이 있을 뿐, 끝까지 봤다는 의미는 아님]

10 구조조사 地

동사/형용사 + 地 + 동사

儿子高高兴兴地跑来了。 아들이 기쁘게 뛰어왔어요.

11 조동사

① 会 : 我会打字。 나는 타자를 칠 수 있어요.

② 能 : 我一分钟能打三百个字。 나는 1분에 300자를 칠 수 있어요.

③ 可以 : 我可以跟中国人聊天儿。 나는 중국인과 얘기할 수 있어요.

④ 得(děi) : 我们得商量商量。 우리는 상의를 좀 해야 해요.

12 부사

① 才(~에서야 비로소, 겨우)

九点上课，他九点半才来。9시에 수업인데, 그는 아홉 시 반이 되어서야 비로소 왔어요.

② 刚(막, 지금)

火车刚走。기차가 지금 막 갔어요.

③ 不一定(반드시 ~한 것은 아니다)

爷爷不一定今天来。할아버지께서는 반드시 오늘 오시는 것은 아니에요.

④ 恐怕(아마 ~일 것이다)

最近我很忙，恐怕没时间见你。요즘 내가 바빠서, 아마 당신을 만날 시간이 없을 거예요.

13 자주 쓰는 복문

① 因为A，所以B   因为天气不好，所以去不了。날씨가 안 좋기 때문에 갈 수가 없어요.

② 虽然A，但是B   他虽然输了，但是没有放弃。그는 비록 졌지만 포기하지 않았어요.

③ 不但A，而且B   他不但很聪明，而且很认真。그는 똑똑할 뿐만 아니라 성실해요.

④ 如果/要是A，就B   如果遇到什么问题，就问我。무슨 문제가 있으면 나에게 물어보세요.

⑤ 先A，然后B   我们先吃饭，然后喝咖啡吧。우리 먼저 밥을 먹고 나서 커피를 마셔요.

⑥ A是A，不过   想买是想买，不过我没有钱。사고 싶긴 사고 싶은데, 나는 돈이 없어요.

⑦ 除了A以外，B也/还   除了东民以外，安娜和迈克也会喝酒。
동민이 외에, 안나와 마이크도 술을 마실 수 있어요.

⑧ 除了A以外，B都   除了王老师以外，别人都来了。
왕 선생님을 제외하고, 다른 사람은 모두 왔어요.

⑨ 一A就B   我一下课就回家了。나는 수업이 끝나자마자 집으로 돌아갔어요.

⑩ 连A也/都   今天他忙极了，连饭也没吃。오늘 그는 너무 바빠서 밥도 못 먹었어요.

14 请

① 청하다, 부탁하다 : **请坐，请喝茶!** 앉으세요, 차 드세요!

② 초대하다, 한턱내다 : **朋友请我来他家玩儿。** 친구는 나를 그의 집에 놀러 오라고 초대했어요.

15 来

① 오다 : **你来干什么？** 당신은 무엇을 하러 오나요?

② 대동사 : **来一个鱼香肉丝。** 위샹뤄쓰 하나 주세요.

③ 자, 그러면 : **来，我们干杯!** 자, 우리 건배합시다!

16 点

① (돈이나 사람 수 등을) 세다 : **请点一下人数。** 인원수를 세어 보세요.

② 소수점 : **一比八点三五** 1：8.35

③ 시[시간의 단위] : **我六点起床。** 나는 6시에 일어나요.

④ 주문하다 : **你来点菜吧。** 당신이 주문하세요.

17 还是

① ~하는 편이 좋다 : **还是我来写吧。** 내가 쓰는 편이 좋겠어요.

② 아니면[선택의문문] : **你找工作还是读研究生？** 당신은 일을 찾아요, 아니면 대학원에 다녀요?

③ 여전히 : **王老师还是那么年轻。** 왕 선생님은 여전히 그렇게 젊으세요.

18 好

① ~하기 좋다 : **上海很好玩儿。** 상하이는 아주 놀기 좋아요.

② 잘 마무리되다[결과보어] : **大家准备好了吗？** 여러분 준비 다 됐나요?

③ 수량이 많거나 시간이 오래됨 : **咱们好几年没见了。** 우리는 여러 해 동안 만나지 못했어요.

④ 정도가 심함 : **好香啊! 我好喜欢这个味道!** 매우 향기로워요! 나는 이 냄새를 매우 좋아해요.

♦ 표시된 부분을 제시된 단어로 교체 연습을 하며 4단계의 주요 회화를 복습해 보세요.

1 강조 표현 말하기

Track00-01

> A 你是来干什么的?
> Nǐ shì lái gàn shénme de?
> 당신은 뭐 하러 왔어요?
>
> B 我是来学汉语的。
> Wǒ shì lái xué Hànyǔ de.
> 나는 중국어를 배우러 왔어요.

❶ 买水果 과일을 사다
mǎi shuǐguǒ

❷ 吃饭 밥을 먹다
chī fàn

❸ 见朋友 친구를 만나다
jiàn péngyou

2 학습 기간 말하기

Track00-02

> A 你学汉语学了多长时间了?
> Nǐ xué Hànyǔ xuéle duō cháng shíjiān le?
> 당신은 중국어를 얼마 동안 배웠어요?
>
> B 我学了一年半汉语了。
> Wǒ xuéle yì nián bàn Hànyǔ le.
> 나는 1년 반 동안 중국어를 배웠어요.

❶ 三个月 3개월
sān ge yuè

❷ 半年 반년
bàn nián

❸ 两年 2년
liǎng nián

3 관심 분야 말하기

Track00-03

> A 你对什么感兴趣?
> Nǐ duì shénme gǎn xìngqù?
> 당신은 무엇에 관심이 있어요?
>
> B 我对足球感兴趣。
> Wǒ duì zúqiú gǎn xìngqù.
> 나는 축구에 관심이 있어요.

❶ 京剧 경극
jīngjù

❷ 音乐 음악
yīnyuè

❸ 电影 영화
diànyǐng

4 음식 주문하기

Track00-04

> **A** 你要点什么?
> Nǐ yào diǎn shénme?
> 당신은 무엇을 주문하시겠습니까?
>
> **B** 来一个鱼香肉丝。
> Lái yí ge yúxiāngròusī.
> 위샹뤄쓰 하나 주세요.

❶ 一个糖醋鱼 탕추위 하나
yí ge tángcùyú

❷ 两杯咖啡 커피 두 잔
liǎng bēi kāfēi

❸ 五瓶啤酒 맥주 다섯 병
wǔ píng píjiǔ

5 어림수 표현 말하기

Track00-05

> **A** 坐动车到杭州要多长时间?
> Zuò dòngchē dào Hángzhōu yào duō cháng shíjiān?
> 둥처를 타고 항저우까지 얼마나 걸리나요?
>
> **B** 十三个小时左右。
> Shísān ge xiǎoshí zuǒyòu.
> 13시간 정도요.

❶ 上海 상하이 / 十二 12
Shànghǎi   shí'èr

❷ 哈尔滨 하얼빈 / 八 8
Hā'ěrbīn   bā

❸ 青岛 칭다오 / 七 7
Qīngdǎo   qī

6 가능 표현 말하기

Track00-06

> **A** 请问，这儿可以刷卡吗?
> Qǐngwèn, zhèr kěyǐ shuā kǎ ma?
> 말씀 좀 묻겠습니다. 이곳은 카드를 사용할 수 있나요?
>
> **B** 这儿可以/不能刷卡。
> Zhèr kěyǐ / bù néng shuā kǎ.
> 이곳은 카드를 사용할 수 있어요. /
> 이곳은 카드를 사용할 수 없어요.

❶ 用美元 달러를 사용하다
yòng měiyuán

❷ 抽烟 담배를 피우다
chōu yān

❸ 带小狗进去
dài xiǎogǒu jìnqu
강아지를 데리고 들어가다

7 가정 표현 말하기

Track00-07

要是你把烟戒了，我就不说了。
Yàoshi nǐ bǎ yān jiè le, wǒ jiù bù shuō le.
만약 당신이 담배를 끊는다면, 나는 말하지 않을 거예요.

如果你把烟戒了，我就不说了。
Rúguǒ nǐ bǎ yān jiè le, wǒ jiù bù shuō le.
만약 당신이 담배를 끊는다면, 나는 말하지 않을 거예요.

❶ 不迟到 지각하지 않다
bù chídào

❷ 洗得干净 깨끗하게 씻다
xǐ de gānjìng

❸ 早点儿起床 일찍 좀 일어나다
zǎo diǎnr qǐ chuáng

8 교통수단 말하기

Track00-08

A 可以坐地铁去吗？
Kěyǐ zuò dìtiě qù ma?
지하철을 타고 갈 수 있어요?

B 可以是可以，不过得换车。
Kěyǐ shì kěyǐ, búguò děi huàn chē.
되기는 되는데, 차를 갈아타야 해요.

❶ 坐公交车 버스를 타다 /
zuò gōngjiāochē

换车 차를 갈아타다
huàn chē

❷ 骑自行车 자전거를 타다 /
qí zìxíngchē

骑一个小时 1시간을 타다
qí yí ge xiǎoshí

9 피동 표현 말하기

Track00-09

A 你遇到什么倒霉事儿了？
Nǐ yùdào shénme dǎoméi shìr le?
당신은 무슨 재수 없는 일을 당했어요?

B 我的自行车被小偷儿偷走了。
Wǒ de zìxíngchē bèi xiǎotōur tōuzǒu le.
내 자전거를 도둑에게 도둑맞았어요.

❶ 我的钱包被小偷儿偷了。
Wǒ de qiánbāo bèi xiǎotōur tōu le.
내 지갑을 도둑에게 도둑맞았다.

❷ 我被一辆车撞了。
Wǒ bèi yí liàng chē zhuàng le.
나는 차 한 대에 치였다.

10 원인과 결과 말하기

Track00-10

A 你怎么现在才来?
Nǐ zěnme xiànzài cái lái?
당신은 왜 이제서야 와요?

B 因为路上堵车，所以迟到了。
Yīnwèi lùshang dǔ chē, suǒyǐ chídào le.
길에 차가 막혀서 늦었어요.

❶ 我早上起得晚
wǒ zǎoshang qǐ de wǎn
나는 아침에 늦게 일어나다

❷ 我肚子疼
wǒ dùzi téng
나는 배가 아프다

11 축하와 기원 표현 말하기

Track00-11

A 祝你生日快乐!
Zhù nǐ shēngrì kuàilè!
생일 축하해요!

B 谢谢。
Xièxie.
고마워요.

❶ 身体健康 건강하다
shēntǐ jiànkāng

❷ 万事如意 만사형통하다
wànshì rúyì

❸ 工作顺利 일이 순조롭다
gōngzuò shùnlì

12 곧 일어날 일에 대해 말하기

Track00-12

A 时间过得真快!
Shíjiān guò de zhēn kuài!
시간이 정말 빠르네요!

B 是啊。 下星期就要回国了。
Shì a.   Xià xīngqī jiùyào huí guó le.
그러게요. 다음 주면 곧 귀국하네요.

❶ 毕业 졸업하다
bì yè

❷ 放假 방학하다
fàng jià

❸ 结婚 결혼하다
jié hūn

START!

好久不见!

오랜만이네요!

트레이닝 듣기

Track01과

학습 포인트

▶ **표현**   안부 인사 나누기
　　　　　상황별 인사 표현 익히기

▶ **어법**   没想到 | 不光…而且… | 동사+不出来

东民　好久不见!
　　　Hǎojiǔ bú jiàn!

阿美　好久不见! 你过得怎么样?
　　　Hǎojiǔ bú jiàn!　　Nǐ guò de zěnmeyàng?

东民　我还是老样子❶。
　　　Wǒ hái shì lǎo yàngzi.

　　　你最近忙什么呢?
　　　Nǐ zuìjìn máng shénme ne?

　　　电话怎么打不通?
　　　Diànhuà zěnme dǎ bu tōng?

阿美　我换号码了。
　　　Wǒ huàn hàomǎ le.

东民　是这样啊, 给我留个电话号码吧。
　　　Shì zhèyàng a, gěi wǒ liú ge diànhuà hàomǎ ba.

阿美　好。 有时间的话, 咱们吃顿饭吧。
　　　Hǎo.　Yǒu shíjiān de huà, zánmen chī dùn fàn ba.

东民　这个星期我比较忙。
　　　Zhège xīngqī wǒ bǐjiào máng.

　　　这样吧, 下个星期我给你打电话。
　　　Zhèyàng ba, xià ge xīngqī wǒ gěi nǐ dǎ diànhuà.

阿美　行, 那我等你的电话。 再联系吧。
　　　Xíng, nà wǒ děng nǐ de diànhuà.　Zài liánxì ba.

□□ 好久不见 hǎojiǔ bú jiàn   오랜만이다

□□ 老样子 lǎo yàngzi   옛 모습, 예전 그대로의 모습

□□ 打不通 dǎ bu tōng   전화가 안 되다

□□ 留 liú   통 남기다, 물려주다, 전하다

□□ 的话 dehuà   조 (만일) ~라면

□□ 顿 dùn   양 끼니, 차례, 바탕[식사, 권고, 질책 등의 횟수를 세는 단위]

　　　* 一顿饭 yí dùn fàn 밥 한 끼

□□ 联系 liánxì   통 연락하다

　　　* 동의 联络 liánluò 통 연락하다

플러스 TIP

❶ 还是老样子는 '늘 그렇지', '여전히 그대로야'라는 뜻으로, 안부 인사에 대한 대답으로 쓸 수 있어요.

📖 확인 학습   다음 질문에 알맞은 답을 고르세요.

1 东民最近过得怎么样？

　❶ 过得不好　　❷ 跟以前一样　　❸ 很累　　❹ 不太忙

2 阿美的电话为什么打不通？

　❶ 她太忙　　❷ 她出国了　　❸ 她换了号码　　❹ 她把手机关了

맛있는 듣고 말하기

Track01-03

STEP 1 녹음을 듣고 알맞은 그림을 고르세요.

A

B

C

D

E

❶ ☐ ❷ ☐ ❸ ☐ ❹ ☐ ❺ ☐

단어

Track01-04

□□ 急事 jí shì 급한 일

□□ 改天 gǎitiān 부 후일, 다른 날

□□ 一点儿都没 yìdiǎnr dōu méi 조금도 ~하지 않았다

□□ 一路平安 yílù píng'ān 성 가시는 길이 평안하기를 바랍니다

□□ 口音 kǒuyīn 명 억양, 말투

□□ 打招呼 dǎ zhāohu 인사하다, 알리다

STEP 2 녹음을 다시 한 번 들으며 빈칸을 채운 후, 말해 보세요.

❶ A 我有急事，＿＿＿＿＿＿。改天见!

    B ＿＿＿＿，＿＿＿＿＿＿!

❷ A 好久不见。你＿＿＿＿＿＿变。

    B 没有，＿＿＿＿＿＿。

❸ A ＿＿＿＿美国以后，＿＿＿＿＿＿＿＿吧。一路平安。

    B 我知道了。

❹ A 听你的＿＿＿＿，你好像是＿＿＿＿＿＿。

    B 对，我是北京人。

❺ A 你是＿＿＿＿＿＿?

    B 我是从上海来的。

> **스피킹 TIP**
>
> 베이징 방언은 단어 뒤에 儿을 붙여서 발음하는 '얼화음(儿化音)'이 많은 것이 특징이에요. 일부 남방 지역은 얼화음을 쓰지 않는 곳도 있어요.

STEP 3 제시된 단어를 이용하여 다음 질문에 중국어로 대답해 보세요.

好久不见　　变　　老样子

Q 见到了很久没见的朋友，你会怎么打招呼?

A ＿＿＿＿＿＿＿＿＿＿＿＿＿＿＿＿＿＿＿＿＿

Track01-05

同学会
Tóngxuéhuì

上个月我去参加了小学同学会，见到了很多老同学。
Shàng ge yuè wǒ qù cānjiāle xiǎoxué tóngxuéhuì, jiàndàole hěn duō lǎo tóngxué.

这次是我小学毕业以后第一次参加。没想到❶我的同桌也来了。
Zhècì shì wǒ xiǎoxué bì yè yǐhòu dì-yī cì cānjiā. Méi xiǎngdào wǒ de tóngzhuō yě lái le.

这么多年没联系了，她变了很多，不光长得漂亮了，而且❷性格
Zhème duō nián méi liánxì le, tā biànle hěn duō, bùguāng zhǎng de piàoliang le, érqiě xìnggé

也活泼了。如果她不介绍自己，我都认不出来❸了。
yě huópō le. Rúguǒ tā bú jièshào zìjǐ, wǒ dōu rèn bu chūlai le.

吃饭的时候，我们一边聊现在的生活，一边回忆过去的事儿。
Chī fàn de shíhou, wǒmen yìbiān liáo xiànzài de shēnghuó, yìbiān huíyì guòqù de shìr.

我们好像回到了以前一样。如果能年轻十岁，那多好啊！
Wǒmen hǎoxiàng huídàole yǐqián yíyàng. Rúguǒ néng niánqīng shí suì, nà duō hǎo a!

1 본문의 내용에 근거하여 다음 질문에 중국어로 답하세요.

   ❶ 他上个月见了什么人？   🎤 _____

   ❷ 他没想到什么？   🎤 _____

   ❸ 他的同桌变得怎么样？   🎤 _____

2 녹음을 듣고 본문과 일치하면 ○, 일치하지 않으면 ✕를 표시한 후,
녹음 내용을 빈칸에 쓰세요.

Track01-06

   ❶ ⬜   毕业以后我_____同学会。

   ❷ ⬜   我的同桌_____。

   ❸ ⬜   吃饭的时候，大家一起_____。

단어

Track01-07

☐☐ 同学会 tóngxuéhuì 몡 동창회

☐☐ 小学 xiǎoxué 몡 초등학교

☐☐ 老 lǎo 혱 오래된

☐☐ 毕业 bì yè 통 졸업하다

☐☐ 同桌 tóngzhuō 몡 짝, 짝꿍

☐☐ 变 biàn 통 변하다, 바뀌다

☐☐ 不光…而且… bùguāng…érqiě…
           ~일 뿐만 아니라, 게다가

☐☐ 长得 zhǎng de (생김새가) ~하다

☐☐ 活泼 huópō 혱 활발하다, 활기차다

☐☐ 认不出来 rèn bu chūlai
          (사람을) 알아볼 수 없다

☐☐ 回忆 huíyì 통 회상하다, 기억하다
          몡 회상, 기억

☐☐ 过去 guòqù 몡 과거

☐☐ 年轻 niánqīng 혱 젊다

1 没想到我的同桌也来了。

뜻밖에 내 짝꿍도 왔습니다.

没想到는 '뜻밖이다'라는 의미로, 어떤 사실을 미처 생각하지 못했음을 나타냅니다. 문장의 처음이나 끝에 단독으로 쓸 수도 있으며, 비슷한 표현으로는 想不到가 있습니다.

真没想到你汉语说得这么流利。

당신이 중국어를 이렇게 유창하게 말할 줄은 정말 생각지도 못했어요.

想不到会有这种事。 이런 일이 생길 줄은 생각지도 못했어요.

해석하기 我做梦也没想到她会来。

➡ _____

중작하기 한국팀이 4강(四强)에 진출할(进入) 줄은 아무도 생각하지 못했습니다.

➡ _____

2 不光长得漂亮了，而且性格也活泼了。

외모가 예뻐졌을 뿐만 아니라, 게다가 성격도 활발해졌습니다.

不光…而且…는 '~할 뿐만 아니라, 게다가 ~하다'라는 의미로, 어떤 동작이나 상태에 또 다른 동작이 더해지거나 상태가 한층 더 심해짐을 나타냅니다. 不光과 비슷한 표현으로는 不但(búdàn), 不仅(bùjǐn) 등이 있으며, 뒷절에는 还, 也 등을 함께 쓰기도 합니다.

坐地铁不光不用担心迟到，而且很便宜。

지하철을 타면 지각할 걱정을 할 필요가 없을 뿐만 아니라, 게다가 저렴해요.

这不是什么秘密，不光我知道，而且别人也知道。

이것은 무슨 비밀이 아니에요. 내가 알고 있을 뿐만 아니라, 게다가 다른 사람도 알고 있어요.

TIP 앞절과 뒷절의 주어가 다를 때는 不光과 而且를 각각 주어 앞에 씁니다.

那个演员不光在韩国有名，而且在中国也很有名。

➡ _____

그는 중국어를 할 수 있을 뿐만 아니라, 게다가 아주 유창합니다.

➡ _____

3 　如果她不介绍自己，我都认不出来了。

만약 그녀가 자기소개를 하지 않았다면, 나는 알아볼 수 없었습니다.

出来는 '안에서 밖으로 나오다'라는 뜻의 방향보어지만, 방향을 나타낼 뿐 아니라 여러 가지 확장 의미로도 쓰입니다. 여기서는 「동사+不出来」 형식으로 쓰여 '변별해 낼 수 없다'라는 뜻으로, 무언가를 식별해 내야 하는 상황에 사용합니다. 이때 동사는 감각을 통해 식별할 수 있는 认, 看, 听, 喝, 吃 등을 주로 사용합니다.

哪个是可口可乐，我喝不出来，你能喝得出来吗?
어느 것이 코카콜라인지 나는 마셔도 모르겠어요. 당신은 마셔서 알 수 있어요?

他一直戴的假发? 我看不出来。 그가 계속 가발을 쓰고 있었다고요? 나는 못 알아봤어요.

TIP 「동사+不出来」의 긍정형은 「동사+得出来」 형식으로 쓰고 '변별할 수 있다', '알아차릴 수 있다'라는 뜻을 나타냅니다.

这肯定是东民的声音，我能听得出来。

➡ _____

그녀가 10년 전과 조금도 같지 않아서, 나는 알아볼 수 없었습니다.

➡ _____

단어 种 zhǒng 옐 종류, 가지 | 做梦 zuò mèng 동 꿈을 꾸다 | 四强 sì qiáng (운동 경기 등의) 4강 |
进入 jìnrù 동 (어떤 범위나 시기에) 들다, 진입하다 | 不用 búyòng 뮈 ~할 필요 없다 |
秘密 mìmì 몡 비밀 | 戴 dài 동 (모자, 안경 등을) 쓰다 | 假发 jiǎfà 몡 가발

1 그림을 보고 다음 대화를 완성하세요.

❶

男 这么多年，你一点儿都没变。

女 _____

❷

男 你怎么现在就要走？

女 _____

2 다음 보기 중에서 빈칸에 들어갈 알맞은 단어를 고르세요.

> 보기
>
> A 联系　　B 参加　　C 活泼　　D 回忆　　E 老样子

❶ 我们虽然很久没见了，但他还是_____。

❷ 这次是我毕业以后第一次_____同学聚会。

❸ 我妹妹的性格越来越_____了。

❹ 我们一边看以前的照片，一边_____过去的事儿。

3 녹음을 듣고 질문에 알맞은 답을 고르세요.

Track01-08

① A 姐妹　　　　B 同学　　　　C 朋友　　　　D 师生

② A 图书馆　　　B 教室　　　　C 生日派对　　D 老师家

4 제시된 단어를 배열하여 문장을 만드세요.

① 那么 / 什么 / 事 / 忙 ｜ 你 / 一直 / 回短信 / 不 / 怎么

➡ ＿＿＿＿＿＿＿＿＿＿？ ＿＿＿＿＿＿＿＿＿＿

② 我 / 是 / 第一次 / 以后 / 这次 / 同学会 / 初中毕业 / 参加

➡ ＿＿＿＿＿＿＿＿＿＿＿＿＿＿＿＿＿＿

③ 没见 / 十年 / 我们 ｜ 变 / 很 / 了 / 多 / 她

➡ ＿＿＿＿＿＿＿＿＿, ＿＿＿＿＿＿＿＿＿

④ 没想到 / 容易 / 考试 / 这次 / 这么 / 英语

➡ ＿＿＿＿＿＿＿＿＿＿＿＿＿＿＿＿＿＿

단어   师生 shī shēng 선생님과 학생 ｜ 生日派对 shēngrì pàiduì 생일 파티 ｜ 初中 chūzhōng 몡 중학교

◆ 다양한 상황의 인사

위챗 추가하자.

加个微信吧。
Jiā ge wēixìn ba.

나 팔로우해 줘.

关注我吧。
Guānzhù wǒ ba.

영상 통화하자.

视频聊天吧。
Shìpín liáo tiān ba.

몰라보게 변했네.

变得都认不出来了。
Biàn de dōu rèn bu chūlai le.

아직 나 기억해?

还记得我吗?
Hái jìde wǒ ma?

네가 여긴 웬일이야?

你怎么来了?
Nǐ zěnme lái le?

어디서 만난 적 있는 것 같아.

好像在哪儿见过。
Hǎoxiàng zài nǎr jiànguo.

세상 참 좁구나, 또 만났네.

世界真小，又见面了。
Shìjiè zhēn xiǎo, yòu jiàn miàn le.

단어 加 jiā 통 추가하다 | 关注 guānzhù 통 관심을 가지다, 주시하다 |
视频 shìpín 명 영상, 동영상 | 记得 jìde 통 기억하다

还记得我吗?

你变得都认不出来了。

你平时几点起床?

당신은 평소 몇 시에 일어나요?

트레이닝 듣기

Track02과

학습 포인트

▶ **표현** 하루 일과 묻고 답하기
범위와 정도 표현 익히기

▶ **어법** 除了…以外 | 동사+起来 | 동사·형용사+得要命

Track02-01

小英　你平时几点起床？
　　　Nǐ píngshí jǐ diǎn qǐ chuáng?

东民　一般十点起床。
　　　Yìbān shí diǎn qǐ chuáng.

小英　你起得那么晚哪！
　　　Nǐ qǐ de nàme wǎn na!

　　　你晚上干什么？
　　　Nǐ wǎnshang gàn shénme?

东民　玩儿游戏呀。我经常玩儿到凌晨两三点。
　　　Wánr yóuxì ya.　　Wǒ jīngcháng wánrdào língchén liǎng-sān diǎn.

小英　这样对你的身体不好。你应该早睡早起。
　　　Zhèyàng duì nǐ de shēntǐ bù hǎo.　　Nǐ yīnggāi zǎo shuì zǎo qǐ.

东民　谁不知道我这样不好？可是我已经习惯了，不好改。
　　　Shéi bù zhīdào wǒ zhèyàng bù hǎo? Kěshì wǒ yǐjīng xíguàn le, bù hǎo gǎi.

小英　不好改也得改。你以后上班了怎么办？
　　　Bù hǎo gǎi yě děi gǎi.　　Nǐ yǐhòu shàng bān le zěnme bàn?

东民　如果上班了，我会改过来❶的。
　　　Rúguǒ shàng bān le, wǒ huì gǎi guòlai de.

　　　你不用担心。
　　　Nǐ búyòng dān xīn.

☐☐	平时 píngshí	몡	평소, 평상시
☐☐	起床 qǐ chuáng	동	일어나다, 기상하다
☐☐	一般 yìbān	혱	보통이다, 일반적이다
☐☐	晚 wǎn	혱	(시간이) 늦다
☐☐	哪 na	조	어기 조사['啊(a)'가 앞에 있는 음절이 'n'으로 끝난 경우 그 영향을 받아 변함]
☐☐	呀 ya	조	어기 조사['啊(a)'가 앞에 있는 음절의 모음이 'a', 'e', 'i', 'o', 'ü'로 끝난 경우 그 영향을 받아 변함]
☐☐	凌晨 língchén	몡	새벽
☐☐	好 hǎo	혱	~하기 쉽다
☐☐	改 gǎi	동	(단점이나 틀린 곳을) 고치다, 바꾸다
☐☐	上班 shàng bān	동	출근하다
☐☐	过来 guòlai	동	(원래 상태나 정상적인 상태로) 돌아오다
☐☐	不用 búyòng	뷰	~할 필요 없다

플러스 **TIP**

❶ 过来는 동사 뒤에 쓰여 '비정상 상태에서 정상 상태로 돌아오다'라는 의미를 나타내요. 여기서는 '나쁜 습관을 고쳐서 정상 혹은 원래의 상태가 된다'라는 뜻이에요.

📖 **확인 학습**   다음 질문에 알맞은 답을 고르세요.

1 东民平时几点起床?

❶ 十点　　　　❷ 十一点　　　　❸ 一点　　　　❹ 两三点

2 东民觉得自己的生活习惯能改吗?

❶ 很容易改　　　　　　　　❷ 上学了以后能改

❸ 上班了以后能改　　　　　❹ 不知道什么时候能改

STEP 1 녹음을 듣고 알맞은 그림을 고르세요.

A B C

D E

❶ ☐ ❷ ☐ ❸ ☐ ❹ ☐ ❺ ☐

☐☐ 准时 zhǔnshí 형 정시에, 정각에

☐☐ 早饭 zǎofàn 명 아침(밥)

☐☐ 简单 jiǎndān 형 간단하다, 단순하다

☐☐ 面包 miànbāo 명 빵

☐☐ 加 jiā 동 추가하다, 첨가하다

☐☐ 够 gòu 동 충분하다

☐☐ 下班 xià bān 동 퇴근하다

☐☐ 健身房 jiànshēnfáng 명 헬스장

☐☐ 锻炼 duànliàn 동 단련하다, 운동하다

☐☐ 假设 jiǎshè 동 가정하다

☐☐ 上班族 shàngbānzú 명 직장인, 샐러리맨

녹음을 다시 한 번 들으며 빈칸을 채운 후, 말해 보세요.

❶ 他每天六点_____，_____也一样。

❷ 他的_____，一杯咖啡、一个面包，

_____苹果，就够了。

❸ 九点 _____， 他一定喝一杯咖啡。

❹ 晚上六点下班以后，他去健身房_____。

❺ 他每天晚上看电视，_____睡觉。

스피킹 TIP

十一二点은 '열한두 시'라는 뜻으로, 연속하는 두 수를 나열하여 어림수를 나타낼 수 있어요.
예 二三十个 이삼십 개
   十八九岁 열여덟아홉 살

제시된 단어를 이용하여 다음 질문에 중국어로 대답해 보세요.

准时　　锻炼　　简单

Q 假设你是一个上班族，请介绍一下你一天的生活。

A _____

我的一天
Wǒ de yì tiān

我叫阿美，平时六点就起床。除了星期天以外❶，我都起得很
Wǒ jiào Āměi, píngshí liù diǎn jiù qǐ chuáng. Chúle xīngqītiān yǐwài, wǒ dōu qǐ de hěn

早。每天晚上八点在家吃饭，到了十二点就睡觉。星期天我一般
zǎo. Měi tiān wǎnshang bā diǎn zài jiā chī fàn, dàole shí'èr diǎn jiù shuì jiào. Xīngqītiān wǒ yìbān

都会睡懒觉。因为不用上课，比较轻松。
dōu huì shuì lǎnjiào. Yīnwèi búyòng shàng kè, bǐjiào qīngsōng.

我叫东民。我喜欢玩儿游戏。一玩儿起来❷能玩儿到凌晨两
Wǒ jiào Dōngmín. Wǒ xǐhuan wánr yóuxì. Yì wánr qǐlai néng wánrdào língchén liǎng-

三点，所以每天起床的时间很晚。
sān diǎn, suǒyǐ měi tiān qǐ chuáng de shíjiān hěn wǎn.

我叫小林。我的口头禅是"很累"。因为我有很多事要做，
Wǒ jiào Xiǎolín. Wǒ de kǒutóuchán shì "hěn lèi". Yīnwèi wǒ yǒu hěn duō shì yào zuò,

上英语培训班、写报告、出差。唉，我每天忙得要命❸，什么时候
shàng Yīngyǔ péixùnbān、xiě bàogào、chū chāi. Āi, wǒ měi tiān máng de yào mìng, shénme shíhou

才能清闲一下呢？
cái néng qīngxián yíxià ne?

1 본문의 내용에 근거하여 다음 질문에 중국어로 답하세요.

    ❶ 阿美星期天为什么起得很晚? 🎤 _____

    ❷ 东民为什么睡得很晚? 🎤 _____

    ❸ 小林的口头禅是什么? 🎤 _____

2 녹음을 듣고 본문과 일치하면 ○, 일치하지 않으면 ×를 표시한 후,
녹음 내용을 빈칸에 쓰세요.

Track02-06

    ❶ ☐   阿美每天晚上都_____。

    ❷ ☐   东民经常很晚睡觉，因为_____。

    ❸ ☐   小林经常说_____。

단어

Track02-07

☐☐ 睡懒觉 shuì lǎnjiào 늦잠을 자다

☐☐ 轻松 qīngsōng 휑 (마음이) 홀가분하다,
                     편하다, (일이) 수월하다

☐☐ 口头禅 kǒutóuchán 휑 입버릇, 입에 발린 말

☐☐ 培训班 péixùnbān 휑 학원

☐☐ 报告 bàogào 휑 보고서, 리포트

☐☐ 要命 yào mìng 동 심하다, 지독하다

☐☐ 清闲 qīngxián 휑 한가하다

1

除了星期天以外，我都起得很早。

일요일을 제외하고, 나는 모두 일찍 일어납니다.

'~외에도', '~를 제외하고'의 뜻을 가진 除了…以外는 뒷절에 나오는 부사에 따라서 포함 (첨가)의 용법과 배제의 용법으로 나뉩니다. 以外는 생략할 수 있습니다.
① 除了A以外，还/也：A 외에도, 또 [A를 포함한 채 다른 것을 첨가함]
② 除了A以外，都：A를 제외하고, 모두 [A를 배제한 나머지 다른 것을 의미함]

除了中国菜，我还吃过泰国菜。 중국요리 외에도, 나는 또 태국 요리를 먹어 봤어요.

除了我以外，大家都回去了。 나를 제외하고, 다들 돌아갔어요.

해석하기   除了这个以外，还有什么?

➡ _____

중작하기   중국 외에도, 나는 일본에도 간 적이 있습니다.

➡ _____

2

一玩儿起来能玩儿到凌晨两三点。

놀기 시작하면 새벽 두세 시까지 놀 수 있습니다.

방향보어 起来는 사물이 낮은 곳에서 높은 곳 쪽으로 움직임을 나타내는 것 외에, 동작 이나 변화의 시작을 나타내기도 합니다.

听了他的话，大家都笑起来了。 그의 말을 듣고 모두 웃기 시작했어요.

这件事听起来很难办。 이 일은 듣자 하니 하기 어려울 것 같네요.

TIP   吃起来, 看起来, 听起来, 用起来 등 일부 동사와 결합하여 어떤 사물에 대한 추측이나 견해 또는 평가, 결론 등을 나타내기도 합니다.

해석하기 一聊起来能聊好几个小时。

➡ _____

중작하기 그는 나를 보자마자 얼굴이 빨개지기 시작했습니다.

➡ _____

3

> 我每天忙得要命。
>
> 나는 매일 엄청나게 바쁩니다.

要命을 직역하면 '목숨을 원하다'인데, 이는 그 정도로 '심하다', '지독하다'라는 의미를 나타냅니다. 일반적으로 「동사/형용사+得+要命」 형식의 정도보어로 쓰여 동작이나 상태의 정도가 최고점에 다다랐음을 표현합니다.

这个菜怎么这样? 难吃得要命。 이 음식 왜 이래요? 너무 맛이 없네요.

最近我牙疼得要命。 요즘 나는 이가 매우 아파요.

해석하기 天气热得要命，我好像中暑了。

➡ _____

중작하기 오늘 엄청 바빠서 당신에게 전화할 시간이 없습니다.

➡ _____

단어 泰国菜 Tàiguó cài 圐 태국 요리 | 难办 nánbàn 圐 하기 어렵다, 처리하기 힘들다 |
牙 yá 圐 치아, 이 | 中暑 zhòng shǔ 圐 더위를 먹다

1 그림을 보고 다음 인물의 일과를 말해 보세요.

❶

_____

❷

_____

2 다음 문장에 이어지는 내용을 고르세요.

❶ 姐姐喜欢看电视剧。   A 什么时候才能清闲一下呢？

❷ 我已经习惯晚睡晚起了。   B 不用担心。

❸ 工作太忙了。   C 一看起来能看一天。

❹ 这个问题我会改过来的。   D 不好改啊。

3 녹음을 듣고 질문에 알맞은 답을 고르세요.

❶ A 没时间吃　　　　　　　　B 就喜欢喝咖啡

　　C 早上起得很晚　　　　　　D 可以在公司吃早饭

❷ A 以前吃早饭，现在没时间吃　　B 十二点到一点休息

　　C 中午吃得很多　　　　　　　　D 每天加班，在公司吃晚饭

4 제시된 단어를 배열하여 문장을 만드세요.

❶ 我 / 会 / 周末 / 睡懒觉 / 都 / 一般

➡ _____

❷ 喜欢 / 她 / 电视剧 / 看 ｜ 一点 / 看 / 每天 / 到 / 凌晨

➡ _____，_____

❸ 身体 / 熬夜 / 不好 / 对 ｜ 你 / 早 / 早 / 应该 / 起 / 睡

➡ _____，_____

❹ 我 / 要 / 每天 / 有 / 很 / 多 / 见 / 人

➡ _____

단어 问题 wèntí 명 문제, 관건, 핵심 ｜ 原因 yuányīn 명 원인, 이유 ｜ 关于 guānyú 개 ~에 관하여

중국의 시차

    중국과 한국 간에는 1시간의 시차가 있어요. 한국이 중국보다 1시간 빠르기 때문에 한국이 오전 9시면 중국은 오전 8시예요. 그런데 중국 내에서도 시차가 존재한다는 사실을 아시나요?

    중국은 국토가 워낙 넓기 때문에 원래 실제적으로는 중국의 서쪽 끝에서 동쪽 끝까지는 5시간의 시차가 존재해요. 하지만 중국은 '베이징 시간'을 '중국 국제 표준시'로 채택해서 전국이 통일된 시간으로 사용하고 있어요. 예를 들어 오전 9시에 출근을 한다면, 신장(新疆 Xīnjiāng)의 우루무치(乌鲁木齐 Wūlǔmùqí)는 베이징보다 실제로 2시간이 느리기 때문에 오전 7시에 출근하게 되는 거지요. 그러다 보니 겨울에는 해가 뜨기 전에 깜깜할 때 출근하게 돼요. 이런 불편을 해소하기 위해 우루무치에서는 실제 생활을 2시간 정도 늦춰서 생활하기도 해요. '베이징 시간'으로 베이징에서 오전 9시 출근해서 오후 5시에 퇴근하면, 우루무치는 오전 11시에 출근해서 오후 7시에 퇴근하는 식으로요.

    그렇다면 '베이징 시간'은 과연 실제 베이징의 시간일까요? 사실 실제 베이징의 시간과 '베이징 시간' 사이에는 14.5분 정도의 차이가 나요. '베이징 시간'은 동경 120도를 기준으로 한 것이지만, 실제 베이징은 동경 116도에 위치해 있기 때문이죠. 중국 영토는 국제 표준에 따라 나누면 5개의 시간대로 나눌 수 있지만, 1949년 중국인민공화국이 창립된 후 중국 대륙 전체 영토가 통일되면서 중국의 국제 표준 시간을 '베이징 시간'으로 통일했어요. 그래서 중국 방송에서 "지금은 베이징 시간 몇 시 몇 분입니다"라고 할 때 베이징 시간은 바로 중국 국제 표준시를 말하는 것이에요.

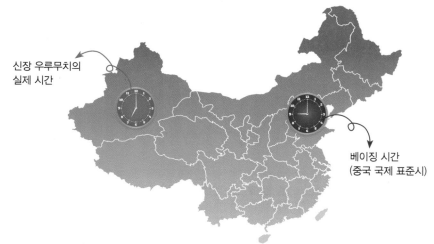

신장 우루무치의
실제 시간

베이징 시간
(중국 국제 표준시)

我看你心情不好。

보아하니 당신은 기분이 좋지 않은 것 같아요.

트레이닝 듣기
Track03과

小林　我看你心情不好，怎么了？
Wǒ kàn nǐ xīnqíng bù hǎo, zěnme le?

小英　我跟男朋友吵了一架，
Wǒ gēn nánpéngyou chǎole yí jià,

已经一个星期没打电话了。
yǐjīng yí ge xīngqī méi dǎ diànhuà le.

小林　怎么回事儿？❶
Zěnme huí shìr?

小英　就为了一件小事儿。
Jiù wèile yí jiàn xiǎoshìr.

不过我又想了想，不应该跟他大吵大闹❷。
Búguò wǒ yòu xiǎngle xiǎng, bù yīnggāi gēn tā dàchǎo dànào.

小林　所以你这么难过啊。你先打电话看看。
Suǒyǐ nǐ zhème nánguò a.　Nǐ xiān dǎ diànhuà kànkan.

他可能等着你的电话呢。
Tā kěnéng děngzhe nǐ de diànhuà ne.

小英　要是他不接我的电话，怎么办？
Yàoshi tā bù jiē wǒ de diànhuà, zěnme bàn?

小林　不会的，你试试看。要不要我帮你打电话？
Bú huì de, nǐ shìshi kàn.　Yào bu yào wǒ bāng nǐ dǎ diànhuà?

小英　不用了，谢谢。我自己打吧。
Búyòng le, xièxie.　Wǒ zìjǐ dǎ ba.

□□ 看 kàn — 图 ~라고 보다[판단하다], ~라고 생각하다

□□ 心情 xīnqíng — 명 심정, 기분, 마음

□□ 吵架 chǎo jià — 图 말다툼하다

□□ 怎么回事儿 zěnme huí shìr — 어떻게 된 일인가

□□ 为了 wèile — 개 ~를 위해서, ~때문에

□□ 大吵大闹 dàchǎo dànào — 젭 큰 소리로 말다툼하다, 크게 떠들다

□□ 难过 nánguò — 휑 괴롭다, 슬프다

□□ 试试看 shìshi kàn — 한번 해 보다

＊ 试 shì 图 시험 삼아 해 보다, 시도하다

플러스 TIP

❶ 怎么回事儿?은 '무슨 일인가요?', '어떻게 된 건가요?'라는 의미의 관용어로, 중국인들이 실생활에서 자주 쓰는 표현이에요.

❷ 「大A大B」는 규모가 아주 크거나 정도가 아주 심함을 나타내요. 이때 A와 B는 서로 비슷한 뜻이거나 관련된 단음절 단어를 써요.
예 大吃大喝 실컷 먹고 마시다

📖 확인 학습 다음 질문에 알맞은 답을 고르세요.

1 小英最近发生了什么事?
  ❶ 交了新男朋友
  ❷ 跟男朋友分手了
  ❸ 跟男朋友吵架了
  ❹ 她男朋友又交了女朋友

2 小英现在心情可能怎么样?
  ❶ 高兴
  ❷ 后悔
  ❸ 生气
  ❹ 害怕

단어 发生 fāshēng 图 발생하다, 생기다 ｜ 后悔 hòuhuǐ 图 후회하다 ｜ 害怕 hài pà 图 무서워하다

STEP **1** 녹음을 듣고 알맞은 그림을 고르세요.

A

B

C

D

E

❶ ❷ ❸ ❹ ❺

☐☐ 烦 fán 혱 귀찮다, 짜증 나다, 답답하다

☐☐ 分手 fēn shǒu 통 헤어지다

☐☐ 紧张 jǐnzhāng 혱 긴장되다, 떨리다

☐☐ 气 qì 통 화내다, 성내다

☐☐ 身边 shēnbiān 몡 곁

☐☐ 寂寞 jìmò 혱 적막하다, 쓸쓸하다

☐☐ 出国 chū guó 통 출국하다

STEP 2 녹음을 다시 한 번 들으며 빈칸을 채운 후, 말해 보세요.

➊ 真是烦死了，＿＿＿＿＿＿＿＿＿＿＿。

➋ 昨天我跟男朋友分手了，＿＿＿＿＿＿＿＿。

➌ 明天＿＿＿＿＿＿＿＿＿，我＿＿＿＿＿＿＿＿＿。

➍ 他＿＿＿＿＿＿＿＿＿说呢？气死我了。

➎ 今天我＿＿＿＿＿＿＿，身边＿＿＿＿＿＿都没有，很寂寞。

스피킹 **TIP**

死了는 정도가 극에 달했음을 나타내는 정도보어로 '~해 죽겠다', '~해 죽을 지경이다'라는 뜻을 나타내요. 死와 了 사이에는 목적어를 넣어 气死我了처럼 쓸 수도 있어요.

STEP 3 제시된 단어를 이용하여 다음 질문에 중국어로 대답해 보세요.

難过　　寂寞　　身边

Q 如果你最好的朋友要出国留学了，你心情会怎么样？

A ＿＿＿＿＿＿＿＿＿＿＿＿＿＿＿＿＿＿＿＿＿

Track03-05

跟郁闷的心情说拜拜!

Gēn yùmèn de xīnqíng shuō báibái!

我最近一直很郁闷。有没有改善心情的方法呢?

Wǒ zuìjìn yìzhí hěn yùmèn. Yǒu méiyǒu gǎishàn xīnqíng de fāngfǎ ne?

跟朋友聊天怎么样? 跟朋友们说说笑笑，说不定❶能放松。

Gēn péngyou liáo tiān zěnmeyàng? Gēn péngyoumen shuōshuōxiàoxiào, shuōbudìng néng fàngsōng.

要不❷吃点儿巧克力怎么样? 吃甜食可以改善心情。还不行? 今天

Yàobù chī diǎnr qiǎokèlì zěnmeyàng?   Chī tiánshí kěyǐ gǎishàn xīnqíng.   Hái bù xíng? Jīntiān

就别想着减肥了，大吃一顿怎么样? 不行，不行。那我一个月的

jiù bié xiǎngzhe jiǎn féi le, dà chī yí dùn zěnmeyàng?   Bù xíng, bù xíng.   Nà wǒ yí ge yuè de

努力就白❸费了。

nǔlì jiù báifèi le.

这个也不行，那个也不行，

Zhège yě bù xíng, nàge yě bù xíng,

那就来最后一招——睡觉!

nà jiù lái zuìhòu yì zhāo -- shuì jiào!

1 본문의 내용에 근거하여 다음 질문에 중국어로 답하세요.

❶ 她说了几个改善心情的方法？ 🎤 _____

❷ 她为什么不能大吃一顿？ 🎤 _____

❸ 她最后决定怎么做？ 🎤 _____

2 녹음을 듣고 본문과 일치하면 ○, 일치하지 않으면 ×를 표시한 후,
녹음 내용을 빈칸에 쓰세요.

Track03-06

❶ [　] 我最近过得_____。

❷ [　] 跟朋友聊天，说不定_____。

❸ [　] 吃甜食_____，所以她不吃了。

단어

Track03-07

□□ 郁闷 yùmèn 혱 우울하다, 답답하고 괴롭다
□□ 拜拜 báibái 동 잘 가[영어의 bye-bye]
□□ 改善 gǎishàn 동 개선하다
□□ 方法 fāngfǎ 명 방법
□□ 说说笑笑 shuōshuōxiàoxiào
　　　　　　이야기로 웃음꽃을 피우다
□□ 说不定 shuōbudìng 부 아마 ~일지도 모른다
□□ 放松 fàngsōng 동 긴장을 풀다, 이완되다

□□ 要不 yàobù 접 그렇지 않으면, 아니면
□□ 巧克力 qiǎokèlì 명 초콜릿
□□ 甜食 tiánshí 명 단 음식
□□ 大吃一顿 dà chī yí dùn 푸짐하게 한 끼 먹다
□□ 努力 nǔlì 동 노력하다, 애쓰다
□□ 白 bái 부 괜히, 공연히
　* 白费 báifèi 동 헛수고하다, 허비하다
□□ 招 zhāo 명 방법, 수단

1 | 说不定能放松。

아마 긴장이 풀릴지도 모릅니다.

说不定은 '아마 ~일지도 모른다', '~할 가능성이 있다'라는 뜻으로, 추측하며 '그럴 가능성이 아주 크다'라는 어감을 가지고 있습니다. 주어 앞뒤에 모두 위치할 수 있습니다.

这些东西太便宜，说不定是假的。 이 물건들은 너무 싸요. 아마 가짜일지도 몰라요.

你别等他，说不定他不来了。 당신은 그를 기다리지 마세요. 그는 안 올지도 몰라요.

해석하기 他这么帅，说不定已经有女朋友了。

➡ _____

중작하기 나는 이 음식을 먹어 본 적이 없지만, 아마도 맛있을 겁니다.

➡ _____

2 | 要不吃点儿巧克力怎么样?

그렇지 않으면 초콜릿을 좀 먹어 보는 것은 어떨까요?

접속사 要不는 '(만약) 그렇지 않으면'이라는 뜻으로, 앞 문장은 가정의 어감을 지니고 있으며, 要不 뒤의 문장은 그에 따른 결과나 결론, 추론을 나타냅니다.

我要回家了，要不我老公会生气的。

나는 집에 가야 해요. 그렇지 않으면 남편이 화낼 거예요.

她一定很喜欢你，要不她不会这么关心你。

그녀는 분명 당신을 좋아해요. 그렇지 않으면 그녀가 당신에게 이렇게 관심을 보일 리가 없어요.

TIP 要不 대신 要不然(yàobùrán), 不然(bùrán)으로 바꾸어 쓸 수 있습니다.

想买现在就买吧，要不以后没有机会了。

➡ _____

중작하기 오늘 시간이 너무 늦었습니다. 아니면 당신은 내일 나를 다시 찾아오세요.

➡ _____

3 # 那我一个月的努力就白费了。
그럼 내 한 달간의 노력이 헛수고가 됩니다.

白는 일반적으로 '하얗다'라는 의미의 형용사로 쓰이지만, 여기서는 「白+동사/형용사」 형식의 부사로 쓰여 '헛되이', '공연히', '괜히'라는 의미를 나타냅니다.

今天百货商店关门，我白跑了一趟。 오늘 백화점이 문을 닫아서 나는 헛걸음했어요.

你刚吃完饭? 那这些吃的都白买了。
당신은 방금 밥을 다 먹었어요? 그럼 이것들은 모두 괜히 샀네요.

해석하기 他说不来了? 那我白等了两个小时了，气死我了!

➡ _____

중작하기 이 영화는 너무 재미없군요. 괜히 봤어요.

➡ _____

단어 假 jiǎ 혱 거짓의, 가짜의 ∣ 老公 lǎogōng 몡 남편 ∣ 趟 tàng 앵 번, 차례[사람이나 차의 왕래 횟수를 세는 단위]

1 그림의 상황에 맞게 다음 질문에 답해 보세요.

❶

Q 她心情怎么样？为什么？

A ＿＿＿＿＿＿＿＿＿＿＿＿＿

❷

Q 他为什么看起来很不安？

A ＿＿＿＿＿＿＿＿＿＿＿＿＿

참고 面试 miànshì 통 면접을 보다 명 면접

2 다음 상황의 기분을 표현할 수 있는 알맞은 단어를 고르세요.

> 보기
>
> A 烦　　B 紧张　　C 难过　　D 寂寞

❶ 我养了五年的小狗死了。

❷ 今天是我第一次见女朋友的父母。

❸ 工作多得要命，没有时间去旅行。

❹ 一个人在这里生活，没有家人和朋友。

Track03-08

3 녹음을 듣고 질문에 알맞은 답을 고르세요.

① A 难过　　　　　B 生气　　　　　C 后悔　　　　　D 开心

② A 没什么事　　　　　　　B 他被人骗了

　　C 交了女朋友　　　　　　D 他大学毕业了

4 제시된 단어를 배열하여 문장을 만드세요.

① 都 / 的 / 白费 / 了 / 努力 / 三年

➡ _____

② 高铁 / 要不 / 去 / 坐 / 吧 ｜ 很 / 高铁 / 快 / 也

➡ _____, _____

③ 你的 / 说不定 / 等 / 呢 / 他 / 电话 / 着

➡ _____

④ 怎么 / 这么 / 他 / 能 / 说 / 呢 ｜ 我 / 气 / 了 / 死

➡ _____, _____

단어 不安 bù'ān 囫 불안하다 ｜ 养 yǎng 동 기르다, 키우다 ｜ 死 sǐ 동 죽다 ｜
骗 piàn 동 속이다 ｜ 交往 jiāowǎng 동 사귀다, 왕래하다

3과 我看你心情不好。 **61**

Track03-09

◆ 기분이나 심리 상태를 말할 때

골치 아프네.

伤脑筋啊。
Shāng nǎojīn a.

좋다 말았어.

白高兴一场。
Bái gāoxìng yì cháng.

대성통곡해.

痛哭流涕。
Tòngkū liú tì.

정말 노잼이야!

真没劲!
Zhēn méi jìn!

웃겨서 눈물이 나.

笑哭了。
Xiào kū le.

영문을 모르겠어.

莫名其妙。
Mòmíng qímiào.

완전 소름(닭살) 돋았어.

起了一身鸡皮疙瘩。
Qǐle yì shēn jīpí gēda.

혼자 있고 싶어.

我想一个人静静。
Wǒ xiǎng yí ge rén jìngjing.

단어 痛哭 tòngkū 图 통곡하다 | 流涕 liú tì 눈물을 흘리다 | 没劲 méi jìn 图 재미없다, 시시하다 | 起 qǐ 图 (피부에 종기 등이) 나다, 생기다 | 鸡皮疙瘩 jīpí gēda 소름, 닭살 | 静 jìng 图 조용히 하다, 안정시키다

我看你心情不好，怎么了？

我想一个人静静。

吃得太饱了，吃不下了。

너무 배부르게 먹어서 더 못 먹겠어요.

트레이닝 듣기

Track04과

학습 포인트

▶ **표현** 식사할 때 쓰는 표현 익히기
　　　　요리할 때 쓰는 표현 익히기

▶ **어법** 只有 ｜ 说…就… ｜ 既…又…

Track04-01

小林　我点的菜怎么样?
Wǒ diǎn de cài zěnmeyàng?

阿美　特别好吃，还是你会点菜。
Tèbié hǎochī, háishi nǐ huì diǎn cài.

小林　我常来这里，
Wǒ cháng lái zhèli,

　　　当然知道哪个菜好吃。
dāngrán zhīdào nǎge cài hǎochī.

阿美　这个肉做得真嫩，口感特别好。
Zhège ròu zuò de zhēn nèn, kǒugǎn tèbié hǎo.

小林　是吧，那你多吃点儿。
Shì ba, nà nǐ duō chī diǎnr.

阿美　吃多了我怕胖。
Chī duōle wǒ pà pàng.

小林　怕什么❶，吃一顿又不会马上就胖了。
Pà shénme, chī yí dùn yòu bú huì mǎshàng jiù pàng le.

阿美　我跟你开玩笑的。我吃得太饱了，吃不下❷了。
Wǒ gēn nǐ kāi wánxiào de.　　Wǒ chī de tài bǎo le, chī bu xià le.

小林　那剩下的打包吧。
Nà shèngxià de dǎ bāo ba.

Track04-02

□□ 这里 zhèli	団 여기, 이곳	
□□ 肉 ròu	명 고기	
□□ 嫩 nèn	형 연하다	
	* 반의 老 lǎo 형 (채소나 고기 등이) 쇠다, 굳다	
□□ 口感 kǒugǎn	명 입맛, 식감	
□□ 怕 pà	동 무섭다, 걱정하다	
□□ 马上 mǎshàng	부 즉시, 곧	
□□ 开玩笑 kāi wánxiào	농담하다, 놀리다	
□□ 饱 bǎo	형 배부르다	
□□ 吃不下 chī bu xià	더 이상 먹을 수 없다	
□□ 剩下 shèngxià	동 남기다, 남다	
□□ 打包 dǎ bāo	동 포장하다, (식당에서 남은 음식을) 싸서 가져가다	

플러스 TIP

❶ 여기서 什么는 '무엇'이라는 뜻이 아니고 반문하는 것으로, '怕什么'는 '不用怕(무서울 것 없다)'라는 의미예요.
❷ 吃不下는 '(배가 불러서) 더 이상 먹을 수 없다'라는 뜻으로, 「동사(坐/放/喝/吃)+不下」 형식으로 쓰여 '공간이나 장소가 좁거나 내용이 많아 더 이상 수용할 수 없다'라는 의미를 나타내요.

확인 학습 다음 질문에 알맞은 답을 고르세요.

1 小林怎么知道这家饭馆哪个菜好吃?
❶ 以前常来　　　　❷ 听朋友说的
❸ 在网上看过　　　❹ 以前来过一次

2 阿美为什么吃不下了?
❶ 怕胖　　❷ 吃饱了　　❸ 菜不好吃　　❹ 菜太辣了

4과 吃得太饱了，吃不下了。 **65**

STEP 1 녹음을 듣고 알맞은 그림을 고르세요.

A

B 盐

C

D 辣

E

❶   ❷   ❸   ❹   ❺

단어

Track04-04

☐☐ 淡 dàn 	형 싱겁다

☐☐ 放 fàng 	동 놓다, 넣다

☐☐ 盐 yán 	명 소금

☐☐ 咸 xián 	형 짜다

☐☐ 整天 zhěngtiān 	하루 종일, 한동안

☐☐ 辣椒酱 làjiāojiàng 	명 고추장

❶ 太淡了，_____。

❷ _____，吃不下了。

❸ _____，咸死了。

❹ _____，有点儿腻。

❺ _____，多放点儿辣椒酱也可以。

스피킹 TIP

很能吃辣的는 '매운 것을 매우 잘 먹는다'라는 의미로, 能 앞에 很을 넣으면 양이 많거나 매우 잘함을 나타냅니다.
예 他很能喝，一下能喝八瓶啤酒。
　　그는 매우 잘 마셔서, 한번에 맥주 8병을 마실 수 있어요.

STEP **3** 제시된 단어를 이용하여 다음 질문에 중국어로 대답해 보세요.

咸　　淡　　腻

Q　你跟朋友一起去吃了中国菜，但是不太好吃，你会怎么说？

A　_____

Track04-05

做个鸡蛋炒饭怎么样?
Zuò ge jīdànchǎofàn zěnmeyàng?

中午回到家，肚子很饿。打开电饭锅，里边还有一些米饭，
Zhōngwǔ huídào jiā, dùzi hěn è.　　Dǎkāi diànfànguō, lǐbian hái yǒu yìxiē mǐfàn,

可是冰箱里只有❶几个鸡蛋。怎么办呢? 对了! 做个鸡蛋炒饭怎么样?
kěshì bīngxiāng li zhǐ yǒu jǐ ge jīdàn.　　Zěnme bàn ne? Duì le! Zuò ge jīdànchǎofàn zěnmeyàng?

说做就做❷。
Shuō zuò jiù zuò.

1. 把鸡蛋打碎，放在碗里。
   Bǎ jīdàn dǎsuì, fàngzài wǎn li.

2. 把平底锅加热，放一点儿油。
   Bǎ píngdǐguō jiā rè, fàng yìdiǎnr yóu.

3. 把鸡蛋放到锅里，炒一下。
   Bǎ jīdàn fàngdào guō li, chǎo yíxià.

4. 放一点儿盐，鸡蛋炒熟以后，
   Fàng yìdiǎnr yán, jīdàn chǎoshú yǐhòu,

   把米饭倒进去。
   bǎ mǐfàn dào jìnqu.

5. 炒三分钟左右，然后关火。
   Chǎo sān fēnzhōng zuǒyòu, ránhòu guān huǒ.

6. 把炒饭盛到盘子里。
   Bǎ chǎofàn chéngdào pánzi li.

这样既简单又❸好吃的鸡蛋炒饭就做好了!
Zhèyàng jì jiǎndān yòu hǎochī de jīdànchǎofàn jiù zuòhǎo le!

1 본문의 내용에 근거하여 다음 질문에 중국어로 답하세요.

❶ 冰箱里有什么？ 🎤 ＿＿＿＿＿＿＿＿＿＿＿＿＿＿＿＿

❷ 把鸡蛋打碎以后，放在哪儿？ 🎤 ＿＿＿＿＿＿＿＿＿＿＿＿＿＿＿＿

❸ 鸡蛋炒熟以后，往锅里倒什么？ 🎤 ＿＿＿＿＿＿＿＿＿＿＿＿＿＿＿＿

2 녹음을 듣고 본문과 일치하면 ○, 일치하지 않으면 ✕를 표시한 후,
녹음 내용을 빈칸에 쓰세요.

Track04-06

❶ ⬜ 我决定＿＿＿＿＿＿＿＿＿＿＿＿。

❷ ⬜ ＿＿＿＿＿＿鸡蛋，＿＿＿＿＿＿米饭。

❸ ⬜ ＿＿＿＿＿＿＿＿＿＿＿，鸡蛋炒饭就完成了。

단어

Track04-07

⬜⬜ 鸡蛋炒饭 jīdànchǎofàn 몡 계란볶음밥

⬜⬜ 电饭锅 diànfànguō 몡 전기밥솥

⬜⬜ 米饭 mǐfàn 몡 쌀밥

⬜⬜ 鸡蛋 jīdàn 몡 계란

⬜⬜ 说…就… shuō…jiù…
　　　　　 말이 나온 김에 바로 ~하다

⬜⬜ 打碎 dǎsuì 동 깨다, 부수다

⬜⬜ 平底锅 píngdǐguō 몡 (바닥이 평평한) 프라이팬

⬜⬜ 加热 jiā rè 동 가열하다

⬜⬜ 油 yóu 몡 기름

⬜⬜ 锅 guō 몡 냄비, 솥

⬜⬜ 炒 chǎo 동 볶다

⬜⬜ 熟 shú 혱 (음식이) 익다

⬜⬜ 倒 dào 동 따르다, 붓다

⬜⬜ 火 huǒ 몡 불

⬜⬜ 盛 chéng 동 (음식을 용기에) 담다

⬜⬜ 盘子 pánzi 몡 접시

⬜⬜ 既…又… jì…yòu… ~하기도 하고 ~하기도 하다

⬜⬜ 完成 wán chéng 동 완성하다.

4과 吃得太饱了，吃不下了。 **69**

1 冰箱里只有几个鸡蛋。

냉장고에는 단지 계란 몇 개만 있습니다.

只有는 '(단지) ~만 있다', '오직 ~만'이라는 의미로, 부사 只에 동사 有가 결합된 형태입니다. 只有가 才와 함께 쓰이면 접속사 형태로 '오직 ~여야만 ~할 수 있다'라는 의미를 나타냅니다.

教室里只有三个学生。 교실에 단지 학생 3명만 있어요.

你只有这样做才能解决问题。 당신은 이렇게 해야만 문제를 해결할 수 있어요.

해석하기 我钱包里只有五十元人民币。

➡ _____

증작하기 오직 노력해야만 성공(成功)할 수 있습니다.

➡ _____

2 说做就做。

말이 나온 김에 바로 만듭니다.

说…就…는 '~한다고 말한 김에 바로 ~한다'라는 의미로 구어체에서 많이 사용되는 표현입니다. 说와 就 뒤에 같은 동사를 넣어 '말을 하면 바로 행동에 옮긴다'라는 것을 나타냅니다. 자주 쓰이는 동사로는 做, 干, 来, 走, 去 등이 있습니다.

说做就做，来，我们现在就开始吧。 말이 나온 김에 바로 해요. 자, 우리 지금 바로 시작해요.

那太好了，说走就走！ 그거 참 잘 됐네요. 말이 나온 김에 바로 가요!

해석하기 说来就来，她不到十二点就到我家了。

⇒ _____

중작하기 말이 나온 김에 바로 먹죠. 나는 지금 배고파 죽겠어요.

⇒ _____

3 | ## 这样既简单又好吃的鸡蛋炒饭就做好了！
이러면 간단하기도 하고 맛있기도 한 계란볶음밥이 완성됩니다!

既…又…는 '~하기도 하고 ~하기도 하다'라는 의미로, 두 가지 상황 혹은 성질이 동시에 존재하는 것을 나타냅니다. 既와 又 뒤에는 동사나 형용사가 쓰입니다.

他的女朋友既漂亮又聪明。 그의 여자 친구는 예쁘기도 하고, 똑똑하기도 해요.

他既会说英语又会说汉语。 그는 영어도 할 수 있고, 중국어도 할 수 있어요.

TIP 既…又… 대신 又…又…로 바꾸어 쓸 수 있습니다.

해석하기 你这么做既浪费时间又浪费钱。

⇒ _____

중작하기 그는 나의 선생님이기도 하고 나의 친구이기도 합니다.

⇒ _____

단어 解决 jiějué 통 해결하다 | 浪费 làngfèi 통 낭비하다

연습 문제

1 그림의 상황에 맞게 다음 질문에 답해 보세요.

❶

Q 她可能想干什么?

A _____

❷

Q 他觉得这些菜怎么样?

A _____

2 내용이 자연스럽게 연결되도록 문장을 배열하세요.

❶ A 甜的、油多的东西我都不吃

B 希望我能减肥成功

C 我最近在减肥

❷ A 先在锅里放一点儿油

B 炒几分钟就行了

C 然后把菜放到锅里炒

3 녹음을 듣고 질문에 알맞은 답을 고르세요.

❶ A 后悔　　　　B 担心　　　　C 高兴　　　　D 不耐烦

❷ A 五分钟　　　B 十分钟　　　C 十五分钟　　　D 二十五分钟

4 제시된 단어를 배열하여 문장을 만드세요.

❶ 一顿 / 吃 / 又 / 就 / 马上 / 胖 / 不会 / 了

➡ _____

❷ 鸡蛋 / 到 / 放 / 把 / 锅里 | 一下 / 炒

➡ _____ , _____

❸ 加热 / 平底锅 / 把 | 一点儿 / 放 / 油

➡ _____ , _____

❹ 放 / 多了 / 太 / 得 / 盐 | 身体 / 不好 / 这样 / 对

➡ _____ , _____

단어 | 上 shàng 통 (음식을) 내오다, 내놓다 | 催 cuī 통 재촉하다, 다그치다 |
语气 yǔqì 명 말투, 어투 | 不耐烦 bú nàifán 못 견디다, 귀찮다

중국의 특이한 음식 이름

중국 음식은 이름만으로도 주재료, 요리법, 모양 등을 알 수 있는 음식이 많이 있지만, 그렇지 않은 음식들도 있어요. 그 중에서도 특히 음식 이름에 동물이 들어간 게 있는데요, 과연 그런 음식들은 이름에 있는 그 동물로 만든 것일까요?

蚂蚁上树(mǎyǐshàngshù)는 중국 쓰촨(四川 Sìchuān) 지역의 특색이 있는 전통 요리로, 돼지고기와 당면을 볶은 모양이 개미(蚂蚁 mǎyǐ)가 나무를 타고 올라가는(上树 shàngshù) 듯한 모습을 한 것 같다고 하여 이름이 蚂蚁上树예요. 돼지고기 잘게 썬 것을 개미로, 당면을 나무로 빗댄 것인데요, 肉末粉条(ròumòfěntiáo)라고도 해요. 맛은 어느 지역을 가더라도 비슷하기 때문에 잘 모르는 메뉴가 많을 때 시키기 좋은 메뉴예요.

驴打滚儿(lúdǎgǔnr)은 중국 베이징, 톈진(天津 Tiānjīn)의 전통 음식으로, 당나귀(驴 lú)가 흙바닥을 뒹굴고(打滚儿 dǎ gǔnr) 난 모습과 비슷해서 붙여진 이름이라고 해요. 찹쌀 가루를 부드럽게 반죽해서 익힌 후 얇게 밀어 그 위에 콩가루와 팥앙금을 넣고 말아서 익힌 찹쌀떡으로, 한국의 인절미와 비슷해요. 구수한 콩가루 냄새가 짙고, 쫀득하고, 달달한 맛이 나요. 만든 후 노란색, 빨간색, 흰색 등으로 색을 물들이기도 해요.

狮子头(shīzitóu)는 중국 양저우(扬州 Yángzhōu)의 유명한 요리로, 돼지고기를 잘게 다진 후 여러 가지 양념을 넣고 만든 커다란 고기 완자 형태로, 모양이 사자(狮子 shīzi) 머리(头 tóu) 같다고 하여 狮子头라고 해요. 북방 지역에서는 四喜丸子(sìxǐwánzi)라고도 해요. 돼지고기는 비계와 살코기 비율을 4:6으로 넣고, 돼지고기에 파, 생강, 계란 등을 섞어 양념해서 당구공 정도 크기로 뭉쳐 쪄낸 후, 술과 설탕, 간장 등으로 만든 소스를 얹어요. 맛은 함박스테이크와 비슷해요.

驴打滚儿

蚂蚁上树

狮子头

START!

5과

你猜他多大年纪?

저 분의 연세가 어떻게 되는지 맞혀 볼래요?

트레이닝 듣기

Track05과

학습 포인트

▶ **표현** 사람을 묘사하는 표현 익히기

인물의 외모 설명하기

▶ **어법** 动不动 | 以为 | 原来

小英　你看见姜文教授了吗？
　　　Nǐ kànjiàn Jiāng Wén jiàoshòu le ma?

东民　姜教授也来了？ 是哪一位？
　　　Jiāng jiàoshòu yě lái le? Shì nǎ yí wèi?

　　　你指给我看看。
　　　Nǐ zhǐgěi wǒ kànkan.

小英　就是那位，坐在前排中间、
　　　Jiù shì nà wèi, zuòzài qiánpái zhōngjiān,

　　　戴一副眼镜、穿一套灰色西装的。
　　　dài yí fù yǎnjìng, chuān yí tào huīsè xīzhuāng de.

东民　他就是姜教授啊。 我以前在学校见过他。
　　　Tā jiù shì Jiāng jiàoshòu a. Wǒ yǐqián zài xuéxiào jiànguo tā.

小英　他很少参加这种活动。 因为他太忙了，抽不出时间❶。
　　　Tā hěn shǎo cānjiā zhè zhǒng huódòng. Yīnwèi tā tài máng le, chōu bu chū shíjiān.

　　　你猜他多大年纪？
　　　Nǐ cāi tā duō dà niánjì?

东民　看起来只有五十。
　　　Kàn qǐlai zhǐ yǒu wǔshí.

小英　他都快六十了。 我们过去打个招呼吧。
　　　Tā dōu kuài liùshí le. Wǒmen guòqu dǎ ge zhāohu ba.

☐☐	姜文 Jiāng Wén	고유	장원[인명]
☐☐	教授 jiàoshòu	명	교수
☐☐	指 zhǐ	동	가리키다
☐☐	前排 qiánpái	명	앞줄
☐☐	中间 zhōngjiān	명	중간
☐☐	戴 dài	동	(모자, 안경 등을) 쓰다, (장신구를) 걸다, (허리띠, 넥타이 등을) 매다
☐☐	副 fù	양	쌍[짝을 이루는 물건을 세는 단위]
☐☐	眼镜 yǎnjìng	명	안경
☐☐	套 tào	양	세트(set)
☐☐	灰色 huīsè	명	회색, 잿빛
☐☐	种 zhǒng	양	종류, 가지
☐☐	活动 huódòng	명	행사, 활동
☐☐	抽 chōu	동	(일부를) 빼내다, 뽑다

플러스 TIP

❶ 抽不出는 '(시간, 짬을) 낼 수 없다', '뽑을 수 없다'라는 의미로, 뒤에 时间을 넣어 '시간을 낼 수 없다'라는 뜻을 나타내요.

📖 확인 학습   다음 질문에 알맞은 답을 고르세요.

1 姜教授今年可能多大年纪?
  ❶ 50   ❷ 58   ❸ 60   ❹ 69

2 关于姜教授，下面哪个是错的?
  ❶ 戴着眼镜   ❷ 穿着西装   ❸ 看起来很老   ❹ 坐在前排

STEP 1 녹음을 듣고 알맞은 그림을 고르세요.

A   B   C

D   E

❶   ❷   ❸   ❹   ❺

단어

Track05-04

- □□ 身 shēn 양 벌[옷을 세는 단위]
- □□ 运动服 yùndòngfú 명 운동복, 트레이닝복
- □□ 笑 xiào 동 웃다
- □□ 眼睛 yǎnjing 명 눈[신체]
- □□ 受欢迎 shòu huānyíng 인기가 있다
- □□ 烫发 tàng fà 동 파마하다

- □□ 迷你裙 mínǐqún 명 미니스커트
- □□ 时髦 shímáo 형 유행하다, 현대적이다
- □□ 长发 chángfà 명 장발, 긴 머리
- □□ 瘦 shòu 형 마르다
- □□ 裙子 qúnzi 명 치마
- □□ 外貌 wàimào 명 외모

STEP 2 녹음을 다시 한 번 들으며 빈칸을 채운 후, 말해 보세요.

① 他＿＿＿＿＿＿＿＿＿，笑的时候，眼睛＿＿＿＿＿＿＿。

② 他是个＿＿＿＿＿＿，＿＿＿＿＿＿，个子很高，比较帅。

③ ＿＿＿＿＿＿＿＿＿，长得很漂亮，很受欢迎。

④ 她烫了发，＿＿＿＿＿＿，穿着迷你裙，＿＿＿＿＿＿很时髦。

⑤ ＿＿＿＿＿、＿＿＿＿＿＿，穿着蓝色裙子的那个就是我姐姐。

스피킹 TIP

형용사의 중첩이 명사를 수식하거나 술어로 쓰일 때는 뒤에 的를 붙여요.
예 鼻子高高的。 코가 높아요.

STEP 3 제시된 단어를 이용하여 다음 질문에 중국어로 대답해 보세요.

个子 眼睛 时髦

Q 请介绍一下你朋友的外貌。

A ＿＿＿＿＿＿＿＿＿＿＿＿＿＿＿＿＿＿＿＿

阿美的前男朋友们
Āměi de qián nánpéngyoumen

阿美上大学的时候，很多男生追过她。
Āměi shàng dàxué de shíhou, hěn duō nánshēng zhuīguo tā.

她的第一个男朋友是个书呆子，
Tā de dì-yī ge nánpéngyou shì ge shūdāizi,

戴副眼镜，长得斯斯文文的。
dài fù yǎnjìng, zhǎng de sīsīwénwén de.

她的第二个男朋友，个子有一
Tā de dì-èr ge nánpéngyou, gèzi yǒu yì

米八，长得很帅，也很会穿衣服。
mǐ bā, zhǎng de hěn shuài, yě hěn huì chuān yīfu.

阿美和他一见钟情。但是因为他们动不动❶就吵架，所以分手了。
Āměi hé tā yíjiàn zhōngqíng.　Dànshì yīnwèi tāmen dòngbudòng jiù chǎo jià, suǒyǐ fēn shǒu le.

阿美的第三个男朋友对她非常好，经常给她买礼物，请她吃
Āměi de dì-sān ge nánpéngyou duì tā fēicháng hǎo, jīngcháng gěi tā mǎi lǐwù, qǐng tā chī

饭。阿美本来以为❷他是个好人。可是最后阿美把他甩了，原来❸
fàn.　Āměi běnlái yǐwéi tā shì ge hǎorén.　Kěshì zuìhòu Āměi bǎ tā shuāi le, yuánlái

他是个花心大萝卜。
tā shì ge huāxīn dà luóbo.

阿美什么时候才能找到自己的真爱呢？
Āměi shénme shíhou cái néng zhǎodào zìjǐ de zhēn ài ne?

1 본문의 내용에 근거하여 다음 질문에 중국어로 답하세요.

❶ 她的第一个男朋友怎么样? 🎤 _____

❷ 她为什么跟第二个男朋友分手了? 🎤 _____

❸ 她为什么把第三个男朋友甩了? 🎤 _____

2 녹음을 듣고 본문과 일치하면 ○, 일치하지 않으면 ×를 표시한 후,
녹음 내용을 빈칸에 쓰세요.

Track05-06

❶ ☐☐☐ 阿美上大学的时候，_____。

❷ ☐☐☐ 她的第一个男朋友_____。

❸ ☐☐☐ 她的第二个男朋友，_____，但是长得很帅。

단어 🖊

Track05-07

☐☐ 上大学 shàng dàxué 대학교에 다니다

☐☐ 男生 nánshēng 명 남학생

☐☐ 追 zhuī 동 (이성을) 쫓아다니다, 구애하다

☐☐ 书呆子 shūdāizi 명 공부벌레

☐☐ 斯文 sīwén 형 점잖다, 지적이다
　　　 [주로 남자에게 씀]

☐☐ 米 mǐ 양 미터(m)

☐☐ 一见钟情 yíjiàn zhōngqíng 성 첫눈에 반하다

☐☐ 动不动 dòngbudòng 부 걸핏하면, 툭하면

☐☐ 以为 yǐwéi 동 ~라고 여기다, ~라고 생각하다
　　　 [어떤 사실에 대해 잘못 판단한 경우]

☐☐ 甩 shuǎi 동 차 버리다, 떼어 놓다

☐☐ 原来 yuánlái 부 원래, 알고 보니

☐☐ 花心大萝卜 huāxīn dà luóbo 바람둥이

☐☐ 真爱 zhēn ài 진정한 사랑, 참사랑

1   因为他们*动不动*就吵架。

그들은 걸핏하면 싸웠기 때문입니다.

动不动은 부사로서 관용적 표현으로 쓰이며, '걸핏하면', '툭하면'이라는 뜻을 나타냅니다. 대개 원하지 않거나 싫어하는 어떤 반응 또는 행동이 매우 쉽게 발생한다는 것을 나타내며, 보통 뒤에 就를 함께 씁니다.

你最近怎么了? 动不动就发脾气。 당신 요즘 왜 그래요? 걸핏하면 성질을 부리네요.

动不动就提起那件事，你真讨厌。 걸핏하면 그 얘기를 꺼내다니, 당신 정말 미워요.

해석하기   你动不动就说要请客，你有那么多钱吗?

➡ _____

중작하기   그의 여자 친구는 걸핏하면 질투합니다(吃醋).

➡ _____

2   阿美本来*以为*他是个好人。

아메이는 원래 그가 좋은 사람이라고 생각했습니다.

以为는 동사로서 '~라고 여기다', '~라고 생각하다'라는 뜻으로, 대개 자신의 판단이 사실과 다를 때 사용합니다. 보통 자신의 판단을 말한 후, 뒤에 사실을 제시합니다.

他很帅，我以为他有女朋友呢，但他说没有。
그는 잘생겨서, 나는 그가 여자 친구가 있을 거라고 생각했는데, 그는 없다고 말했어요.

我以为她汉语说得很流利，可是我的中国朋友说不太好。
나는 그녀가 중국어를 유창하게 한다고 생각했는데, 내 중국 친구가 별로 잘 못한다고 말했어요.

해석하기 他常常请客，我以为他很有钱，其实不是这样。

➡ _____

중작하기 나는 그가 중국에서 유학한 적이 있는 줄 알았는데, 그는 가 본 적이 없다고 말했습니다.

➡ _____

3 原来他是个花心大萝卜。
알고 보니 그는 바람둥이였습니다.

原来는 두 가지 의미를 가진 부사입니다. 첫 번째는 '원래'라는 뜻으로 '지금은 그렇지 않다'라는 속뜻이 있고, 두 번째는 '알고 보니'라는 뜻으로 '어떤 사실을 알게 되었다'라는 의미를 나타냅니다. '원래'라는 뜻으로 쓰일 때는 부사 외에 명사나 형용사로 쓰이기도 합니다.

这条裤子原来挺合适的，可是现在穿不了了。
이 바지는 원래 잘 맞았는데, 지금은 입을 수 없어요.

我以为他是中国人呢，原来他是韩国人。
나는 그가 중국인인 줄 알았는데, 알고 보니 그는 한국인이네요.

TIP 本来와 原来는 '원래'라는 뜻은 같지만, 本来는 原来와 달리 '(어떤 사실에 대해 도리상) 당연히 ~되어야 한다'라는 뜻도 있습니다.

해석하기 这里原来是一家商店，现在成了饭馆。

➡ _____

중작하기 나는 당신이 화난 줄 알았는데, 알고 보니 화나지 않았군요.

➡ _____

단어 发脾气 fā píqi 화내다, 성질을 부리다 | 提起 tíqǐ 동 얘기를 꺼내다 | 吃醋 chī cù 동 질투하다

1 그림을 보고 다음 인물을 묘사해 보세요.

①

_____

②

_____

참고   头发 tóufa 뗑 머리카락, 두발 ｜ 顶 dǐng 엥 꼭대기가 있는 물건을 세는 단위 ｜ 帽子 màozi 뗑 모자

2 다음 보기 중에서 빈칸에 들어갈 알맞은 단어를 고르세요.

보기
          A 副   B 前排   C 原来   D 套   E 追

① 他今天穿了一_____灰色的西装。

② 坐在_____的那位是李老师吧? 咱们过去打个招呼。

③ 我的弟弟戴着一_____眼镜，看起来很斯文。

④ 她长得很漂亮，很多男生_____她。

3 녹음을 듣고 질문에 알맞은 답을 고르세요.

Track05-08

① A 很瘦　　　　B 头发很短　　　C 个子不高　　　D 长得很帅

② A 他回家了　　　　　　　　　B 男的不知道他在哪儿

　 C 女的没见过他　　　　　　　D 他穿着红色的T恤衫

4 제시된 단어를 배열하여 문장을 만드세요.

① 大 / 你 / 他 / 多 / 猜 / 年纪

➡ _____

② 太 / 他 / 忙了 ｜ 不 / 抽 / 时间 / 出

➡ _____ , _____

③ 长了 / 几个 / 痘痘 / 脸上 ｜ 很 / 她 / 烦恼

➡ _____ , _____

④ 动不动 / 迟到 / 就 / 她 ｜ 老师 / 骂 / 了 / 所以 / 被

➡ _____ , _____

単어　长 zhǎng 图 생기다, 나다 ｜ 样子 yàngzi 명 모습, 모양, 스타일 ｜
圆脸 yuánliǎn 둥근 얼굴 ｜ T恤衫 T-xùshān 명 티셔츠 ｜ 院子 yuànzi 명 마당, 정원 ｜
痘痘 dòudòu 명 여드름 ｜ 烦恼 fánnǎo 图 걱정하다, 고민하다

◆ 외모에 대해 말할 때

킹카(남신)

高富帅 / 男神
gāo fù shuài / nánshén

퀸카(여신)

白富美 / 女神
bái fù měi / nǚshén

내 이상형이야.

是我的理想型。
Shì wǒ de lǐxiǎngxíng.

내 스타일이 아니야.

不是我的菜。
Bú shì wǒ de cài.

다크서클이 완전 심해.

黑眼圈非常严重。
Hēiyǎnquān fēicháng yánzhòng.

피부가 너무 건조해.

皮肤太干了。
Pífū tài gān le.

진짜 동안이다!

真是童颜啊!
Zhēn shì tóngyán a!

실물이 사진보다 훨씬 낫네.

真人比照片更好看。
Zhēnrén bǐ zhàopiàn gèng hǎokàn.

단어 理想型 lǐxiǎngxíng 몡 이상형 | 黑眼圈 hēiyǎnquān 몡 다크서클 |

严重 yánzhòng 혱 중대하다, 심각하다 | 皮肤 pífū 몡 피부 |

干 gān 혱 건조하다, 마르다 | 童颜 tóngyán 동안[실제 나이보다 어려 보이는 얼굴]

那个人是谁?
他是我的理想型。

他是我们学校的
男神。

START!

6과

你有什么爱好?

당신은 무슨 취미가 있나요?

트레이닝 듣기

Track06과

학습 포인트

- ▶ **표현** 자신의 취미 설명하기
  취미 관련 표현 익히기
- ▶ **어법** 懒得+동사 ┃ 变 ┃ 再不⋯就⋯了

小林　你有什么爱好?
　　　Nǐ yǒu shénme àihào?

阿美　我呀，没什么特别的，
　　　Wǒ ya, méi shénme tèbié de,

　　　就是爱看电视!
　　　jiùshì ài kàn diànshì!

小林　我最讨厌看电视了，
　　　Wǒ zuì tǎoyàn kàn diànshì le,

　　　有什么好看的?❶ 太无聊了。
　　　yǒu shénme hǎokàn de?　Tài wúliáo le.

阿美　有很多节目可以选择，电影、娱乐、新闻节目什么的。
　　　Yǒu hěn duō jiémù kěyǐ xuǎnzé, diànyǐng、yúlè、xīnwén jiémù shénmede.

小林　看电视还不如❷睡一会儿觉。
　　　Kàn diànshì hái bùrú shuì yíhuìr jiào.

　　　今天天气好，我们出去散散步，怎么样?
　　　Jīntiān tiānqì hǎo, wǒmen chūqu sànsan bù, zěnmeyàng?

阿美　你找别人吧。一会儿有我喜欢的节目。
　　　Nǐ zhǎo biérén ba.　Yíhuìr yǒu wǒ xǐhuan de jiémù.

小林　那你慢慢儿欣赏你喜欢的节目吧。
　　　Nà nǐ mànmānr xīnshǎng nǐ xǐhuan de jiémù ba.

☐☐	无聊 wúliáo	혱	심심하다, 따분하다
☐☐	节目 jiémù	몡	프로그램
☐☐	选择 xuǎnzé	동	선택하다
☐☐	娱乐 yúlè	몡	오락, 레크리에이션, (방송 관련의) 예능
☐☐	新闻 xīnwén	몡	(신문이나 방송 등의) 뉴스
☐☐	什么的 shénmede	죄	등등, 따위
☐☐	不如 bùrú	동	~만 못하다
☐☐	散步 sàn bù	동	산보하다, 산책하다
☐☐	别人 biérén	몡	다른 사람
☐☐	欣赏 xīnshǎng	동	감상하다

플러스 TIP

❶ 有什么好看的?는 '볼 만한 것이 없다'라는 뜻이에요. 「有什么好+동사/형용사+的」 형식은 '무슨 ~할 만한 것이 있겠는가?'라는 뜻을 가진 반어문으로, 실제로는 '~할 만한 것이 없다'라는 의미를 나타내요.

❷ 不如는 「A+不如+B」 형식으로 쓰여 두 가지 사물이나 상황을 비교할 때 'A가 B만 못하다'라는 뜻으로, B가 A보다 나음을 나타내요.

📖 확인 학습 다음 질문에 알맞은 답을 고르세요.

1 阿美喜欢做什么?
　❶ 看电影　　❷ 看电视　　❸ 看书　　❹ 散步

2 小林现在想去干什么?
　❶ 散步　　❷ 睡觉　　❸ 学习　　❹ 看电视

Track06-03

STEP 1 녹음을 듣고 알맞은 그림을 고르세요.

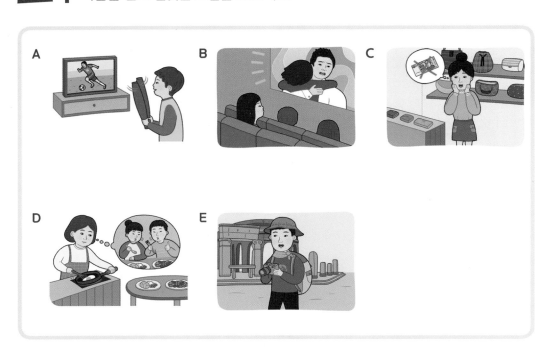

A

B

C

D

E

❶ ☐ ❷ ☐ ❸ ☐ ❹ ☐ ❺ ☐

Track06-04

☐☐ 节日 jiérì 명 명절, 경축일

☐☐ 当 dāng 통 ~가 되다, 맡다, 담당하다

☐☐ 厨师 chúshī 명 요리사, 주방장

☐☐ 辛苦 xīnkǔ 형 고생스럽다, 수고롭다

☐☐ 当地 dāngdì 명 현지, 현장

☐☐ 风俗 fēngsú 명 풍속

☐☐ 费 fèi 통 소모하다, 쓰다

STEP 2 녹음을 다시 한 번 들으며 빈칸을 채운 후, 말해 보세요.

❶ 我是＿＿＿＿＿＿。我每个星期一定＿＿＿＿＿＿＿＿＿＿＿。

❷ 我是＿＿＿＿＿＿＿＿。四年一次的世界杯是＿＿＿＿＿＿＿＿＿＿＿＿。

❸ 朋友们说我做菜做得非常好，＿＿＿＿＿＿＿＿＿＿＿＿。

❹ 这个爱好＿＿＿＿＿＿＿，不过＿＿＿＿＿＿＿当地的风俗文化。

❺ 这是很＿＿＿＿＿＿＿＿＿。最近我没钱，所以＿＿＿＿＿＿不买东西。

스피킹 TIP

买东西의 东西는 '물건'이라는 뜻이므로 dōngxi
로 발음해야 해요. dōngxī로 발음하면 '동쪽과 서
쪽'의 뜻이 되므로 성조에 주의하세요.

STEP 3 제시된 단어를 이용하여 다음 질문에 중국어로 대답해 보세요.

迷　　当　　爱好

Q 你最大的爱好是什么?

A ＿＿＿＿＿＿＿＿＿＿＿＿＿＿＿＿＿＿＿＿

健身很重要
Jiànshēn hěn zhòngyào

以前上大学的时候，我经常去健身房，每个星期至少三
Yǐqián shàng dàxué de shíhou, wǒ jīngcháng qù jiànshēnfáng, měi ge xīngqī zhìshǎo sān

次。那时我的身体很健康，每天都有活力。可以说健身是我最
cì. Nà shí wǒ de shēntǐ hěn jiànkāng, měi tiān dōu yǒu huólì. Kěyǐ shuō jiànshēn shì wǒ zuì

大的快乐。工作以后，我平时下班晚，懒得❶去健身房；周末又
dà de kuàilè. Gōngzuò yǐhòu, wǒ píngshí xià bān wǎn, lǎnde qù jiànshēnfáng; zhōumò yòu

想睡懒觉、见朋友，也没时间运动。不到半年，我就变❷胖了，
xiǎng shuì lǎnjiào、jiàn péngyou, yě méi shíjiān yùndòng. Bú dào bàn nián, wǒ jiù biànpàng le,

也不像以前那么健康了，经常感觉很累。再不运动，就要生病
yě bú xiàng yǐqián nàme jiànkāng le, jīngcháng gǎnjué hěn lèi. Zài bú yùndòng, jiù yào shēng bìng

了❸。从今天开始，我要坚持锻炼，希望半年以后，我能变回以
le. Cóng jīntiān kāishǐ, wǒ yào jiānchí duànliàn, xīwàng bàn nián yǐhòu, wǒ néng biànhuí yǐ

前的样子。
qián de yàngzi.

1 본문의 내용에 근거하여 다음 질문에 중국어로 답하세요.

❶ 上大学的时候，他每周去几次健身房？ 🎤 _____

❷ 工作不到半年，他怎么样了？　　　🎤 _____

❸ 他希望半年后会怎么样？　　　　　🎤 _____

2 녹음을 듣고 본문과 일치하면 ○, 일치하지 않으면 ×를 표시한 후,
녹음 내용을 빈칸에 쓰세요.

Track06-06

❶ ☐　我上大学的时候，_____，_____。

❷ ☐　我现在_____，_____。

❸ ☐　因为我工作以后_____，所以 _____。

단어

Track06-07

☐☐ 健身 jiànshēn 툉 신체를 건강하게 하다

☐☐ 至少 zhìshǎo 툄 적어도

☐☐ 时 shí 맹 때, 시기

☐☐ 活力 huólì 맹 활력, 활기, 생기

☐☐ 懒得 lǎnde 툉 ~하기 싫다, ~하기 귀찮다

☐☐ 运动 yùndòng 맹 운동 툉 운동하다

☐☐ 感觉 gǎnjué 맹 감각, 느낌 툉 느끼다

☐☐ 生病 shēng bìng 툉 병이 나다

☐☐ 坚持 jiānchí 툉 견지하다, 유지하다,
지속하다, 고집하다

☐☐ 样子 yàngzi 맹 모습, 모양, 스타일

1 　我平时下班晚，懒得去健身房。

나는 평소에 늦게 퇴근해서 헬스장에 가기 싫습니다.

동사 懒得는 '~할 마음이 나지 않는다', '~하기 싫다', '~하기 귀찮다'라는 의미로, 「懒得 +동사」 형식으로 쓰여 어떤 동작을 하기 귀찮거나 내키지 않음을 나타냅니다.

嗓子哑了，懒得说话。 목이 쉬어서 말하기 싫어요.

太累，懒得洗澡，今天就不洗澡了。 너무 피곤해서 목욕하기 귀찮아요. 오늘은 목욕 안 할래요.

해석하기 　他们每次见面都吵架，我懒得管。

　　　　➡ _____

중작하기 　오늘 비가 와서, 나는 나가기 싫습니다.

　　　　➡ _____

2 　不到半年，我就变胖了。

반년이 채 안 돼서, 나는 뚱뚱해졌습니다.

变이 가지고 있는 원래 의미는 '변하다', '달라지다'지만, 여기서는 의미가 좀 더 확장되어 '(어떤 성질이나 상태가) ~하게 변하다', '~해지다'라는 뜻을 나타내고, 「变+동사/형용사」 형식으로 씁니다.

工作以后，我的生活变忙了。 일을 한 이후, 내 생활은 바빠졌어요.

几年不见，他好像变成了另外一个人。

몇 년 못 봤더니, 그는 다른 사람으로 변한 것 같았어요.

해석하기 你的脸变小了，你是不是在减肥啊?

⇒ _____

중작하기 요 며칠 날씨가 추워졌으니, 외출할 때 옷을 좀 많이 입으세요.

⇒ _____

3

> # 再不运动，就要生病了。
> 더 이상 운동하지 않으면, 곧 병이 날 겁니다.

再不…, 就…了는 '더 이상 ~하지 않으면, 곧 ~할 것이다'라는 의미의 가정 관계를 나타냅니다. 어떤 동작이나 상태가 진행되지 않는 상황이 계속되면 반드시 어떤 결과가 발생한다는 것을 의미하는 표현입니다.

再不吃，妈妈就要骂你了。더 이상 먹지 않으면, 엄마가 너를 혼낼 거야.

再不做，今天就要熬夜了。더 이상 하지 않으면, 오늘 밤을 새워야 할 거예요.

해석하기 再不起，就要迟到了。

⇒ _____

중작하기 당신이 더 이상 마시지 않으면, 내가 당신 술을 다 마실 겁니다.

⇒ _____

단어 嗓子 sǎngzi 몡 목, 목구멍 | 哑 yǎ 혱 (목이) 쉬다 | 洗澡 xǐ zǎo 통 목욕하다 |
管 guǎn 통 간섭하다, 관여하다 | 另外 lìngwài 때 다른

1 그림을 보고 다음 취미에 대해 설명해 보세요.

❶

_____

❷

_____

참고 背包旅行 bēibāo lǚxíng 배낭여행 | 拍 pāi 통 (사진이나 동영상을) 찍다

2 다음 단문을 읽고 질문에 답하세요.

> 我的爱好是拍视频。我会拍风景、动物、美食等等。我经常把自己拍的视频上传到网上。看到很多不认识的人喜欢我的视频，我觉得非常开心。
>
> 단어 视频 shìpín 명 동영상 | 美食 měishí 명 맛있는 음식 | 上传 shàngchuán 통 업로드하다

❶ 我可能不会拍什么?

A 小狗　　　　B 山　　　　C 好吃的　　　　D 人

❷ 我为什么觉得开心?

A 吃到美食　　B 看到动物　　C 视频被喜欢　　D 见到老朋友

3 녹음을 듣고 질문에 알맞은 답을 고르세요.

Track06-08

① A 去买新车　　B 去兜风　　C 去拿驾照　　D 在家休息

② A 她拿到了驾照　　　　　B 最近买了新车

　 C 她喜欢开车兜风　　　　D 她常常开车不小心

4 제시된 단어를 배열하여 문장을 만드세요.

① 好 / 有 / 什么 / 说 / 的

➡ _____

② 他 / 跟 / 不如睡 / 吃饭 / 觉 / 一会儿 / 还

➡ _____

③ 我至少 / 电影 / 二十 / 看了 / 今年 / 部

➡ _____

④ 以后 / 朋友说 / 我 / 结婚 / 胖 / 了 / 变

➡ _____

단어　兜风 dōu fēng 동 드라이브하다 ｜ 驾照 jiàzhào 명 운전면허증 ｜ 新手 xīnshǒu 명 초보자

Track06-09

♦ 취미나 관심 분야를 말할 때

나는 바둑 고수야.

我是围棋高手。
Wǒ shì wéiqí gāoshǒu.

너는 제일 자신 있는 게 뭐야?

你最拿手的是什么?
Nǐ zuì náshǒu de shì shénme?

노래하면 스트레스가 풀려.

唱歌儿解压。
Chàng gēr jiě yā.

낚시하면 힐링이 돼.

钓鱼很治愈。
Diàoyú hěn zhìyù.

홈트레이닝을 좋아해.

喜欢在家训练。
Xǐhuan zài jiā xùnliàn.

매일 SNS를 검색해.

每天玩儿微博。
Měi tiān wánr wēibó.

요즘 라떼아트 배워.

最近学做咖啡拉花。
Zuìjìn xué zuò kāfēi lāhuā.

셀카는 어떻게 포즈를 취해야 되지?

自拍怎么摆姿势?
Zìpāi zěnme bǎi zīshì?

단어 围棋 wéiqí 몡 바둑 | 高手 gāoshǒu 몡 고수 | 拿手 náshǒu 톙 (어떤 기술에) 뛰어나다, 잘하다 |
解压 jiě yā 툉 스트레스를 풀다 | 钓鱼 diàoyú 툉 낚시하다 | 治愈 zhìyù 치유하다, 힐링이 되다 |
在家训练 zài jiā xùnliàn 홈트레이닝 | 微博 wēibó 몡 블로그, SNS | 咖啡拉花 kāfēi lāhuā 라떼아트 |
自拍 zìpāi 셀프 카메라 | 摆 bǎi 툉 뽐내다, 드러내 보이다 | 姿势 zīshì 몡 자세(pose)

你最拿手的是什么?

我是围棋高手。

START!

7과

这次饶了我吧。

이번에는 나 좀 봐줘요.

트레이닝 듣기

Track07과

학습 포인트

▶ **표현** 전화 통화할 때 쓰는 표현 익히기
　　　　약속에 못 갈 때 쓰는 표현 익히기

▶ **어법** 嫌 | 来不及 | 越…越…

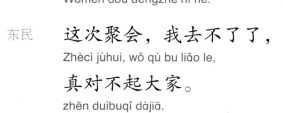

东民　喂？阿美，大家都到齐了吗？
Wéi?　Āměi, dàjiā dōu dàoqí le ma?

阿美　都到齐了，就差你了。
Dōu dàoqí le, jiù chà nǐ le.

我们都等着你呢。
Wǒmen dōu děngzhe nǐ ne.

东民　这次聚会，我去不了了，
Zhècì jùhuì, wǒ qù bu liǎo le,

真对不起大家。
zhēn duìbuqǐ dàjiā.

阿美　怎么了？你在哪儿呢？
Zěnme le?　Nǐ zài nǎr ne?

东民　我在地铁里呢。地铁出故障了，
Wǒ zài dìtiě li ne.　　Dìtiě chū gùzhàng le,

我等了三十多分钟，连动也没动。
wǒ děngle sānshí duō fēnzhōng, lián dòng yě méi dòng.

阿美　你也真是的❶，怎么现在才打电话？
Nǐ yě zhēnshi de, zěnme xiànzài cái dǎ diànhuà?

东民　不好意思，这次饶了我吧❷。
Bù hǎoyìsi, zhècì ráole wǒ ba.

□□	齐 qí	형	(빠짐없이) 완비하다, 완전히 갖추다
□□	差 chà	동	모자라다, 부족하다
□□	聚会 jùhuì	명	모임, 회합
□□	出故障 chū gùzhàng		고장이 나다

　　　　　　　　　　　　　* 故障 gùzhàng 명 고장

□□	动 dòng	동	움직이다
□□	真是 zhēnshi	동	정말, 참[만족하지 못하거나 못마땅함을 나타냄]
□□	饶 ráo	동	용서하다, 관용하다, 봐주다

　　　　　　　　　　　　　* 饶不了 ráo bu liǎo 용서할 수 없다

플러스 TIP

❶ 你也真是的는 상대를 질책하거나 탓할 때 주로 쓰는 표현으로, '너도 참'이라고 해석해요.

❷ 饶는 '용서하다'라는 뜻이지만, 여기서 '饶了我吧'는 심각하게 잘못을 비는 것이 아니라, 장난스럽게 혹은 심각한 상황을 모면하기 위해 쓰는 비교적 가벼운 말투의 표현으로 쓰였어요.

확인 학습　다음 질문에 알맞은 답을 고르세요.

1 东民为什么说去不了这次聚会了?

　❶ 生病了　　　❷ 路上堵车　　　❸ 地铁出故障了　　❹ 不想去

2 阿美可能是什么态度?

　❶ 高兴　　　❷ 放心　　　❸ 埋怨　　　❹ 道歉

단어 态度 tàidù 명 태도 | 埋怨 mányuàn 동 불평하다, 원망하다 | 道歉 dào qiàn 동 사과하다, 사죄하다

Track07-03

STEP 1 녹음을 듣고 알맞은 그림을 고르세요.

A

B

C

D

E

❶ [ ] ❷ [ ] ❸ [ ] ❹ [ ] ❺ [ ]

Track07-04

☐☐ 麦当劳 Màidāngláo [고유] 맥도날드

☐☐ 不见不散 bújiàn búsàn
　　　　　　만날 때까지 기다리다

☐☐ 定 dìng [동] 정하다

☐☐ 守 shǒu [동] (시간, 약속 등을) 지키다, 준수하다

☐☐ 取消 qǔxiāo [동] 취소하다, 철회하다

STEP 2 녹음을 다시 한 번 들으며 빈칸을 채운 후, 말해 보세요.

❶ 明天在麦当劳见! _____!

❷ 那就这么定了。你_____啊, 三点见!

❸ 明天咱们_____好不好? 那里太远了。

❹ 那个约会得取消了, 我突然_____。

❺ 现在堵车, 我_____三十分钟。

스피킹 **TIP**

守는 '지키다', '준수하다'라는 뜻으로, 시간이나 약속, 규정 등을 지키는 것을 나타내요.
예 守时间 시간을 준수하다
　 守约 약속을 지키다
　 守信用 신용을 지키다

•信用 xìnyòng 명 신용

STEP 3 제시된 단어를 이용하여 다음 질문에 중국어로 대답해 보세요.

取消　　守　　约会

Q 你跟朋友约好晚上见面, 但是你突然有了急事儿, 你会怎么对朋友说?

A _____

相亲
Xiāng qīn

今天小林开车去相亲，路上碰到一个女孩儿车坏了，停在路
Jīntiān Xiǎolín kāi chē qù xiāng qīn, lùshang pèngdào yí ge nǚháir chē huài le, tíngzài lù

边。小林会修车，于是他下车帮女孩儿修，半天才修好，但是他
biān. Xiǎolín huì xiū chē, yúshì tā xià chē bāng nǚháir xiū, bàntiān cái xiūhǎo, dànshì tā

一点儿也没嫌①麻烦。马上就要到约会时间了，小林觉得来不及②
yìdiǎnr yě méi xián máfan. Mǎshàng jiùyào dào yuēhuì shíjiān le, Xiǎolín juéde láibují

了，就给相亲的女孩儿打了个电话，还特意买了一束花。到了约
le, jiù gěi xiāng qīn de nǚháir dǎle ge diànhuà, hái tèyì mǎile yí shù huā. Dàole yuē

会地点，小林发现刚才碰到的那个女孩儿就坐在那里，他们都很
huì dìdiǎn, Xiǎolín fāxiàn gāngcái pèngdào de nàge nǚháir jiù zuòzài nàli, tāmen dōu hěn

吃惊。两个人越聊越③投机，而且觉得很有缘分。后来他们俩成
chī jīng. Liǎng ge rén yuè liáo yuè tóujī, érqiě juéde hěn yǒu yuánfèn. Hòulái tāmen liǎ chéng

了一对。
le yí duì.

1 본문의 내용에 근거하여 다음 질문에 중국어로 답하세요.

❶ 路上小林碰到了什么事儿? 🎤 _____

❷ 到了约会地点，小林发现了什么? 🎤 _____

❸ 他们后来怎么样了? 🎤 _____

2 녹음을 듣고 본문과 일치하면 ○, 일치하지 않으면 ×를 표시한 후,
녹음 내용을 빈칸에 쓰세요.

Track07-06

❶ [　] 帮女孩儿修车，小林_____。

❷ [　] 小林_____就是他相亲的对象。

❸ [　] 因为小林迟到了，所以女孩儿_____。

단어 🐻🐰

Track07-07

☐☐ 相亲 xiāng qīn 图 선을 보다, 소개팅하다
☐☐ 碰到 pèngdào 图 우연히 만나다
☐☐ 停 tíng 图 주차하다, 서다, 멈추다
☐☐ 路边 lùbiān 图 길가, 길옆
☐☐ 修 xiū 图 수리하다
☐☐ 于是 yúshì 쩝 그리하여, 그래서
☐☐ 下车 xià chē 하차하다, 차에서 내리다
☐☐ 嫌 xián 图 싫어하다, 불만이다
☐☐ 来不及 láibují 图 (시간적으로) 늦다

☐☐ 特意 tèyì 图 특별히, 일부러
☐☐ 束 shù 窗 묶음, 다발
☐☐ 地点 dìdiǎn 图 장소, 지점
☐☐ 吃惊 chī jīng 图 (깜짝) 놀라다
☐☐ 投机 tóujī 图 마음이 맞다, 잘 통하다
☐☐ 缘分 yuánfèn 图 인연
☐☐ 后来 hòulái 图 이후, 그 뒤
☐☐ 一对 yí duì 한 쌍, 커플, 부부
☐☐ 对象 duìxiàng 图 (연애, 결혼의) 상대, 대상

1 他一点儿也没嫌麻烦。

그는 번거로운 것을 조금도 싫어하지 않았습니다.

嫌은 '싫어하다', '불만이다'라는 의미로, 상대방의 부족함 혹은 결함을 강조하는 동사입니다. 嫌의 목적어로는 명사, 동사, 형용사가 올 수 있는데, 명사(사람, 사물)가 목적어로 올 경우에는 뒤에 왜 싫어하는지에 대한 구체적 이유나 설명을 덧붙여야 합니다.

你嫌他慢，你就先走。 당신은 그가 느린 것이 싫으면, 당신 먼저 가요.

我被甩了，她嫌我是个胆小鬼。 나는 차였어요. 그녀는 내가 겁쟁이라고 싫어해요.

해석하기　他嫌我经常出差。

　⇒ _____

중작하기　나는 그가 키가 너무 큰 것이 싫습니다.

　⇒ _____

2 小林觉得来不及了。

샤오린은 늦을 것이라는 생각이 들었습니다.

来不及는 '(시간적으로) 늦다', '(시간이 부족하여) 미처 ~하지 못하다'라는 의미로, '시간상 여유가 있다', '시간에 맞출 수 있다'라는 긍정형은 来得及를 씁니다. 来得及 앞에는 还 또는 也를 쓰기도 합니다.

现在去已经来不及了，别去了。 지금 가면 이미 늦어요. 가지 마세요.

别着急，还来得及参加。 조급해하지 마세요. 아직 참석할 시간이 있어요.

해석하기 坐地铁的话来不及了，打的去吧。

➡ _____

중작하기 이미 비가 내려서, 옷을 걷기(收)에는 늦었어요.

➡ _____

3 两个人越聊越投机。

두 사람은 이야기를 할수록 점점 더 말이 잘 통했습니다.

越는 '점점 더', '더욱더'라는 의미의 부사로, 「越A越B(A할수록 점점 B하다)」 형식으로 쓰여 어떤 조건이나 상황이 진행됨에 따라 그 정도가 더욱 변화, 발전한다는 것을 나타냅니다.

这双鞋我越看越喜欢。 이 신발은 볼수록 점점 마음에 들어요.

你真是越长越漂亮了。 너는 클수록 점점 더 예뻐지는구나.

해석하기 他的话，我越想越生气，怎么办?

➡ _____

중작하기 나는 중국어를 배울수록 점점 더 재미있게 느껴집니다.

➡ _____

단어 胆小鬼 dǎnxiǎoguǐ 몡 겁쟁이 | 着急 zháo jí 혭 초조해하다, 조급해하다 |

收 shōu 통 (물건을) 거두다, 한데 모으다 | 长 zhǎng 통 자라다, 성장하다

1 그림의 상황에 맞게 다음 질문에 답해 보세요.

❶

    Q 男的打电话可能会说什么?

    A _____

❷

    Q 女的为什么给男的打电话?

    A _____

2 내용이 자연스럽게 연결되도록 문장을 배열하세요.

❶ A 所以我们换个时间好不好

    B 见不了你了

    C 小白，我今天晚上要加班

                                       ◻ → ◻ → ◻

❷ A 到了十点，大家都到齐了

    B 我跟朋友约好早上十点见面

    C 就差王明了

                                       ◻ → ◻ → ◻

3 녹음을 듣고 질문에 알맞은 답을 고르세요.

Track07-08

① A 今晚九点　　　B 明晚九点　　　C 今晚六点　　　D 明晚六点

② A 他要加班　　　　　　　B 他有别的约会

　　C 他要看比赛　　　　　　D 他明天要早起

4 제시된 단어를 배열하여 문장을 만드세요.

① 一束 / 了 / 特意 / 买 / 我 / 花

➡ _____

② 换 / 好不好 / 个 / 咱们 / 见面 / 地方

➡ _____

③ 晚到 / 我 / 几 / 分钟 / 可能 / 要

➡ _____

④ 帮我 / 经常 / 他 　|　 也不 / 嫌 / 一点儿 / 麻烦 / 但是

➡ _____, _____

◆ 약속이나 연애에 대해 말할 때

다른 말 하기 없기!

一言为定!
Yìyán wéidìng!

늘 만나던 데서 봐.

老地方见。
Lǎo dìfang jiàn.

나 바람 맞았어.

我被放鸽子了。
Wǒ bèi fàng gēzi le.

호랑이도 제 말하면 오네.

说曹操，曹操就到。
Shuō Cáo Cāo, Cáo Cāo jiù dào.

제 눈에 안경이야.

情人眼里出西施。
Qíngrén yǎnli chū Xīshī.

걔네 둘 썸 타.

他们俩暧昧不清。
Tāmen liǎ àimèi bù qīng.

우리 사귀자.

我们在一起吧。
Wǒmen zài yìqǐ ba.

나 솔로 탈출했어.

我脱单了。
Wǒ tuō dān le.

단어 放鸽子 fàng gēzi 바람을 맞히다 | 曹操 Cáo Cāo 고유 조조[인명] | 情人 qíngrén 명 애인, 연인 | 西施 Xīshī 명 서시['미인'을 상징하는 대명사] | 暧昧 àimèi 형 (남녀 관계가) 애매하다 | 清 qīng 형 분명하다, 명백하다 | 脱单 tuō dān 솔로를 탈출하다

明天我们在哪儿见？

老地方见！
不见不散！

START!

8과

听说明天雾霾很严重。

듣자 하니 내일 미세먼지가 심하대요.

트레이닝 듣기

Track08과

학습 포인트

▶ **표현** 날씨에 대해 설명하기
일기 예보에 쓰이는 표현 익히기

▶ **어법** 不能再…了 ｜ 算了 ｜ 差点儿

东民　听说明天雾霾很严重。
Tīng shuō míngtiān wùmái hěn yánzhòng.

小英　是吗? 雾霾太可怕了。
Shì ma? Wùmái tài kěpà le.

明天最好❶别出去了,
Míngtiān zuìhǎo bié chūqu le,

还是呆在家里吧。
háishi dāizài jiāli ba.

东民　不是说明天一起去看音乐剧吗? 票都订好了。
Bú shì shuō míngtiān yìqǐ qù kàn yīnyuèjù ma?　Piào dōu dìnghǎo le.

小英　是啊, 那怎么办?
Shì a, nà zěnme bàn?

要不把票退了, 改天再去吧。
Yàobù bǎ piào tuì le, gǎitiān zài qù ba.

东民　你怕什么? 戴上口罩就没事了。
Nǐ pà shénme?　Dàishang kǒuzhào jiù méi shì le.

我们很长时间没去看音乐剧了, 还是去吧。
Wǒmen hěn cháng shíjiān méi qù kàn yīnyuèjù le, háishi qù ba.

小英　那就听你的。
Nà jiù tīng nǐ de.

☐☐	雾霾 wùmái	뗑 초미세먼지, 스모그
☐☐	严重 yánzhòng	혱 중대하다, 심각하다
☐☐	可怕 kěpà	혱 두렵다, 무섭다
☐☐	最好 zuìhǎo	뵈 ~하는 것이 좋다
☐☐	呆 dāi	뙹 머무르다
☐☐	音乐剧 yīnyuèjù	뗑 뮤지컬
☐☐	订 dìng	뙹 예약하다
☐☐	退 tuì	뙹 환불하다, 무르다
☐☐	口罩 kǒuzhào	뗑 마스크
☐☐	没事 méi shì	괜찮다, 아무 일도 없다

플러스 TIP

❶ 最好는 상대에게 제안할 때 자주 쓰는 표현이에요. 문장의 앞부분에 쓰여 '~하는 것이 낫다', '~하는 것이 좋다'라는 뜻을 나타내요.

확인 학습   다음 질문에 알맞은 답을 고르세요.

1 他们明天打算干什么?
  ❶ 呆在家里   ❷ 看电影   ❸ 订票   ❹ 看音乐剧

2 他们为什么要戴上口罩?
  ❶ 生病了   ❷ 雾霾很严重   ❸ 天气很冷   ❹ 怕感冒

STEP 1 녹음을 듣고 알맞은 그림을 고르세요.

A

B

C

D

E

38℃

❶ ❷ ❸ ❹ ❺

Track08-04

□□ 白天 báitiān 명 낮, 대낮

□□ 气温 qìwēn 명 기온

□□ 早晚 zǎowǎn 명 아침과 저녁

□□ 凉 liáng 형 서늘하다, 차갑다

□□ 温差 wēnchā 명 온도차

□□ 天 tiān 명 하늘, 날씨, 기후

□□ 阴 yīn 형 흐리다

□□ 冻 dòng 동 얼다, 춥다

□□ 屋 wū 명 집, 가옥, 방

녹음을 다시 한 번 들으며 빈칸을 채운 후, 말해 보세요.

❶ 外边下雨，你＿＿＿＿＿＿＿＿＿吧。

❷ 今天白天最高气温有三十八度，＿＿＿＿＿＿＿。

❸ 最近早晚凉，＿＿＿＿＿＿＿，＿＿＿＿＿＿＿，小心感冒。

❹ 天这么阴，一会儿＿＿＿＿＿＿＿＿＿＿。

❺ ＿＿＿＿＿＿＿，我们进屋去吧。

STEP 3 제시된 단어를 이용하여 다음 질문에 중국어로 대답해 보세요.

温差　　白天　　气温

Q 你们那里秋天天气怎么样？

A ＿＿＿＿＿＿＿＿＿＿＿＿＿＿＿＿＿＿＿＿＿＿＿

Track08-05

我的计划表
Wǒ de jìhuàbiǎo

今天星期天，我看了下个星期的天气预报，做了一个计划表。
Jīntiān xīngqītiān, wǒ kànle xià ge xīngqī de tiānqì yùbào, zuòle yí ge jìhuàbiǎo.

星期一，天气晴，是个洗衣服的好天气。星期二，下午有阵
Xīngqīyī, tiānqì qíng, shì ge xǐ yīfu de hǎo tiānqì.　　Xīngqī'èr, xiàwǔ yǒu zhèn

雨，一定要带雨伞出门。上次我忘了带雨伞，回家时，我都被雨
yǔ, yídìng yào dài yǔsǎn chū mén.　Shàngcì wǒ wàngle dài yǔsǎn, huí jiā shí, wǒ dōu bèi yǔ

淋了。这次不能再忘了❶。星期三，哎呀，有沙尘暴。沙尘暴真
lín le.　Zhècì bù néng zài wàng le.　Xīngqīsān, āiyā, yǒu shāchénbào.　Shāchénbào zhēn

可怕，看来得戴上口罩出门。星期四，又下雨，呆在家里算了❷。
kěpà, kànlái děi dàishang kǒuzhào chū mén. Xīngqīsì, yòu xià yǔ, dāizài jiāli suàn le.

对了，在家里做煎饼吃，请几个朋友来我家，给他们露一手。
Duì le, zài jiāli zuò jiānbing chī, qǐng jǐ ge péngyou lái wǒ jiā, gěi tāmen lòu yìshǒu.

星期五，雨后转晴。我差点儿❸忘了，从图书馆借来的书，这一
Xīngqīwǔ, yǔ hòu zhuǎn qíng.　Wǒ chàdiǎnr wàng le, cóng túshūguǎn jièlái de shū, zhè yì

天就要到期了，该还了。
tiān jiùyào dào qī le, gāi huán le.

1 본문의 내용에 근거하여 다음 질문에 중국어로 답하세요.

❶ 她看了天气预报以后，做了什么？　🎤 _____

❷ 上次下雨的时候，她为什么淋雨了？　🎤 _____

❸ 星期五她可能要做什么？　🎤 _____

2 녹음을 듣고 본문과 일치하면 ○, 일치하지 않으면 ×를 표시한 후,
녹음 내용을 빈칸에 쓰세요.

Track08-06

❶ ☐ 星期一_____，所以我_____。

❷ ☐ 天气预报说，_____。

❸ ☐ 星期三沙尘暴很大，我_____。

단어

Track08-07

☐☐ 计划表 jìhuàbiǎo ⑬ 계획표

☐☐ 晴 qíng ⑱ (날씨가) 맑다

☐☐ 洗衣服 xǐ yīfu 빨래하다

☐☐ 阵雨 zhènyǔ ⑬ 소나기

☐☐ 淋 lín ⑧ (물이나 액체에) 젖다, (비를) 맞다

☐☐ 沙尘暴 shāchénbào ⑬ 황사, 모래바람

☐☐ 看来 kànlái ⑧ 보아하니, 보기에

☐☐ 算了 suàn le 됐다, 그만두자

☐☐ 煎饼 jiānbing ⑬ 젠빙, 전병[음식명]

☐☐ 露一手 lòu yìshǒu 솜씨를 발휘하다

☐☐ 雨后转晴 yǔ hòu zhuǎn qíng 비 온 뒤 맑음

☐☐ 差点儿 chàdiǎnr ⑭ 하마터면 ~할 뻔하다

☐☐ 借 jiè ⑧ 빌리다

☐☐ 到期 dào qī ⑧ 기한이 되다

☐☐ 还 huán ⑧ 돌려주다, 반납하다

1 这次不能再忘了。

이번에는 또다시 잊으면 안 됩니다.

不能은 허락이나 가능을 나타내는 조동사 能의 부정형으로 '~해서는 안 된다'라는 금지의 의미를 가지고 있고, 再는 반복이나 지속을 의미하는 부사지만 부정사와 함께 쓰이면 '더 이상', '또다시'라는 의미로 강조를 나타냅니다. 따라서 「不能再…了」 형식으로 쓰이면 '더 이상 ~해서는 안 된다', '또다시 ~할 수 없다'라는 의미를 나타냅니다.

我不能再吃了，肚子太饱了。 나는 더 이상 먹을 수 없어요. 배가 너무 불러요.

这个月钱花得太多了，不能再买东西了。
이번 달에 돈을 너무 많이 써서 더 이상 물건을 사면 안 돼요.

해석하기　他腿受伤了，不能再踢球了。

　　➡ _____

중작하기　우리는 시간이 없어서, 더 이상 기다릴 수 없습니다.

　　➡ _____

2 呆在家里算了。

집에 있으면 됩니다.

算了는 '됐다', '그만두자'라는 뜻으로, 구어체에서 많이 사용되는 표현입니다. 어떤 행위나 요구, 계획을 포기할 때 주로 씁니다.

算了，算了，别再说了。 됐어요. 됐어요. 더 이상 말하지 말아요.

你不要? 那就算了。 당신은 원하지 않아요? 그럼 관두세요.

해석하기 他这么喜欢，就给他买一个算了。

➡ _____

중작하기 그가 저렇게 그곳에 가기를 싫어하는데, 나 혼자 가면 됩니다.

➡ _____

3 我差点儿忘了。

나는 하마터면 잊을 뻔했습니다.

差点儿은 「差点儿+동사(희망하지 않는 일)」 형식으로 쓰여 '하마터면 ~할 뻔하다', '간신히 ~를 면하다'라는 의미로, 희망하지 않는 어떤 일이 일어날 뻔했으나 일어나지 않아서 다행스러움을 나타냅니다. 差点儿 뒤에 나오는 동사가 긍정이든 부정이든 모두 같은 뜻으로, 예를 들어 '差点儿迟到了'와 '差点儿没迟到'는 둘 다 '지각할 뻔했다'라는 의미를 나타냅니다.

我差点儿被车撞了。 나는 하마터면 차에 치일 뻔했어요. [치이지 않음]

今天起晚了，差点儿没迟到。
오늘 늦게 일어나서, 하마터면 지각할 뻔했어요. [지각하지 않음]

TIP 差点儿 뒤에 오는 동사가 희망하는 일일 경우, 긍정인지 부정인지에 따라 의미가 다릅니다.

❶ 差点儿+동사(희망하는 일) : 희망하는 일이 일어나지 않아서 유감스러움

❷ 差点儿+没+동사(희망하는 일) : 다행히 희망하는 일이 일어남

예 我差点儿没毕业。 나는 졸업하지 못할 뻔했어요. [졸업함]

해석하기 我们讨论的时候，差点儿吵起来了。

➡ _____

중작하기 그 영화가 너무 감동적(感动)이어서, 나는 하마터면 울 뻔했습니다.

➡ _____

단어 讨论 tǎolùn 통 토론하다 ｜ 吵 chǎo 통 다투다, 말다툼하다 ｜ 感动 gǎndòng 형 감동적이다

1 그림을 보고 다음 대화를 완성하세요.

❶

男 _____

女 我们进屋去吧。

❷

男 _____

女 看来我们不能出去散步了。

2 다음 보기 중에서 빈칸에 들어갈 알맞은 단어를 고르세요.

보기

　　A 口罩　　B 严重　　C 差点儿　　D 到期　　E 退

❶ 你的感冒怎么越来越_____了？

❷ 这本书就要_____了，你帮我还一下吧。

❸ 刚才过马路的时候，我_____被车撞了。

❹ 这件衣服我穿不合适，明天我要把它_____了。

3 녹음을 듣고 질문에 알맞은 답을 고르세요.

Track08-08

① A 春天　　　　　B 夏天　　　　　C 秋天　　　　　D 冬天

② A 买东西　　　　B 散步　　　　　C 避暑　　　　　D 避雨

4 제시된 단어를 배열하여 문장을 만드세요.

① 最好 / 出去 / 别 ｜ 家里 / 呆在 / 吧 / 还是

➡ _____ , _____

② 下雨 / 要 / 了 ｜ 带 / 雨伞 / 上 / 你 / 吧

➡ _____ , _____

③ 图书馆 / 的 / 从 / 借 / 书 / 来 ｜ 到期 / 这 / 就要 / 了 / 一天

➡ _____ , _____

④ 我 / 了 / 忘 / 差点儿 ｜ 朋友 / 见 / 得 / 去 / 明天

➡ _____ , _____

단어　不见得 bújiànde 團 꼭 그런 것은 아니다 ｜ 季节 jìjié 圈 계절 ｜
避暑 bì shǔ 圄 더위를 피하다 ｜ 避雨 bì yǔ 圄 비를 피하다

스피킹이 강해지는 중국어 표현

Track08-09

◆ 날씨를 말할 때

꽃샘추위

倒春寒
dào chūnhán

늦더위

秋老虎
qiū lǎohǔ

안개가 꼈어요.

起雾了。
Qǐ wù le.

매우 후덥지근해요.

很闷热。
Hěn mēnrè.

맑다가 구름이 많이 껴요.

晴转多云。
Qíng zhuǎn duōyún.

흐리고 비가 조금 내려요.

阴有小雨。
Yīn yǒu xiǎoyǔ.

사계절이 뚜렷해요.

四季分明。
Sìjì fēnmíng.

겨울은 따뜻하고, 여름은 시원해요.

冬暖夏凉。
Dōng nuǎn xià liáng.

단어 雾 wù 명 안개 | 闷热 mēnrè 형 무덥다, 후덥지근하다 | 多云 duōyún 명 구름이 많음 | 四季 sìjì 명 사계절 | 分明 fēnmíng 형 뚜렷하다, 분명하다 | 气候 qìhòu 명 기후

韩国的气候怎么样?

四季分明。

START!

9과

花钱容易挣钱难啊!

돈을 쓰기는 쉽지만 벌기는 어려워요!

트레이닝 듣기

Track09과

학습 포인트

▶ **표현** 쇼핑할 때 쓰는 표현 익히기

조건 관계 구문 익히기

▶ **어법** 不管…都… | 虽然…可是… | 是为了

Track09-01

小林　对着台历发什么呆呀？
　　　Duìzhe táilì fā shénme dāi ya?

妹妹　我在数还有几天发工资。
　　　Wǒ zài shǔ hái yǒu jǐ tiān fā gōngzī.

小林　怎么？又透支啦？
　　　Zěnme?　Yòu tòuzhī la?

妹妹　快了。
　　　Kuài le.

小林　你这个月光族，真拿你没办法[1]。
　　　Nǐ zhège yuèguāngzú, zhēn ná nǐ méi bànfǎ.

妹妹　花钱容易挣钱难啊！
　　　Huā qián róngyì zhèng qián nán a!

小林　现在才知道呀？那平时别大手大脚的。
　　　Xiànzài cái zhīdào ya?　Nà píngshí bié dàshǒu dàjiǎo de.

妹妹　好了，以后我会改的。
　　　Hǎo le, yǐhòu wǒ huì gǎi de.

　　　哥，你能不能借给我点儿钱？
　　　Gē, nǐ néng bu néng jiègěi wǒ diǎnr qián?

小林　你需要多少？
　　　Nǐ xūyào duōshao?

妹妹　五百。我一拿到工资就还你，谢谢哥！
　　　Wǔbǎi.　Wǒ yì nádào gōngzī jiù huán nǐ, xièxie gē!

☐☐	对着 duìzhe	~와 마주하고서, ~를 향하여
☐☐	台历 táilì	뎽 탁상 달력
☐☐	发呆 fā dāi	뚱 멍하다, 넋을 놓고 있다
☐☐	数 shǔ	뚱 계산하다, (수를) 세다

* 뚱의 算 suàn 뚱 계산하다, (수를) 세다

☐☐	发工资 fā gōngzī	월급을 주다
☐☐	透支 tòuzhī	뚱 적자가 나다
☐☐	啦 la	뙤 了(le)와 啊(a)의 합음자로 두 자의 의미를 함께 가지고 있음
☐☐	月光族 yuèguāngzú	뎽 매달 수입을 다 써 버리는 사람
☐☐	挣 zhèng	뚱 (돈을) 벌다

* 뚱의 赚 zhuàn 뚱 (돈을) 벌다

☐☐	大手大脚 dàshǒu dàjiǎo	쎵 돈을 펑펑 쓰다, 돈을 물 쓰듯 하다
☐☐	需要 xūyào	뚱 필요하다

플러스 TIP

❶ 拿你没办法는 '너를 어찌 할 방법이 없구나'라는 의미로, 상대의 행동이 한심하거나 상대를 어찌해 볼 방법이 없는 상황에 자주 써요.

📖 확인 학습 다음 질문에 알맞은 답을 고르세요.

1 妹妹这个月花得多吗?
 ❶ 不多 ❷ 不太多 ❸ 快花完了 ❹ 都花完了

2 妹妹的消费习惯怎么样?
 ❶ 一半花，一半存 ❷ 节约
 ❸ 都存 ❹ 大手大脚

단어 消费 xiāofèi 뚱 소비하다 | 存 cún 뚱 저축하다 | 节约 jiéyuē 뚱 절약하다

STEP 1 녹음을 듣고 알맞은 그림을 고르세요.

A size↑

B

C 교환 교환

D

E

❶ ☐ ❷ ☐ ❸ ☐ ❹ ☐ ❺ ☐

 단어

☐☐ 款式 kuǎnshì 명 모양, 디자인, 스타일

☐☐ 脏 zāng 형 더럽다, 지저분하다

☐☐ 号 hào 명 사이즈, 등급

☐☐ 店 diàn 명 상점, 가게

☐☐ 退款 tuì kuǎn 환불하다

☐☐ 老板 lǎobǎn 명 사장

STEP 2 녹음을 다시 한 번 들으며 빈칸을 채운 후, 말해 보세요.

❶ 有点儿贵，_____?

❷ 有没有别的款式？_____。

❸ 这个有点儿脏，_____。

❹ _____? 这件有点儿小。

❺ 对不起，_____，不能退款。

STEP 3 제시된 단어를 이용하여 다음 질문에 중국어로 대답해 보세요.

款式　　换　　退款

Q 你昨天在商店买了一件衣服，但是不喜欢了。你会怎么对老板说？

A _____

购物狂的烦恼
Gòuwù kuáng de fánnǎo

我非常喜欢买东西。不管是逛商店，还是在网上买东西，
Wǒ fēicháng xǐhuan mǎi dōngxi. Bùguǎn shì guàng shāngdiàn, háishi zài wǎngshàng mǎi dōngxi,

我都❶喜欢。
wǒ dōu xǐhuan.

虽然工资不高，可是❷花钱的地方却很多。我一看见喜欢的
Suīrán gōngzī bù gāo, kěshì huā qián de dìfang què hěn duō. Wǒ yí kànjiàn xǐhuan de

东西就要买。我认为挣钱就是为了❸享受，不想只是辛辛苦苦地
dōngxi jiù yào mǎi. Wǒ rènwéi zhèng qián jiù shì wèile xiǎngshòu, bù xiǎng zhǐshì xīnxīnkǔkǔ de

挣钱。可是最近出了点儿麻烦，我的信用卡被停了。 这该怎么办呢?
zhèng qián. Kěshì zuìjìn chūle diǎnr máfan, wǒ de xìnyòngkǎ bèi tíng le.   Zhè gāi zěnme bàn ne?

今天我在网上看到了一本书，书名叫《月光族如何理财》。
Jīntiān wǒ zài wǎngshàng kàndàole yì běn shū, shūmíng jiào 《Yuèguāngzú Rúhé Lǐ cái》.

我非常需要这本书。
Wǒ fēicháng xūyào zhè běn shū.

1 본문의 내용에 근거하여 다음 질문에 중국어로 답하세요.

❶ 为什么她花钱的地方很多？ 🎤 _____

❷ 她认为挣钱就是为了什么？ 🎤 _____

❸ 最近她出了什么麻烦？ 🎤 _____

2 녹음을 듣고 본문과 일치하면 ○, 일치하지 않으면 ×를 표시한 후,
녹음 내용을 빈칸에 쓰세요.

Track09-06

❶ ⬜ 我_____，经常买东西。

❷ ⬜ 我的信用卡_____。

❸ ⬜ 我_____《月光族如何理财》的书。

단어

Track09-07

☐☐ 购物狂 gòuwù kuáng 명 쇼핑광

☐☐ 烦恼 fánnǎo 형 걱정하다, 고민하다
　　　　　　　명 고민, 괴로움

☐☐ 不管…都… bùguǎn…dōu…
　　　　　～에 관계없이 다 ~하다

☐☐ 却 què 부 오히려, ~지만

☐☐ 认为 rènwéi 동 ~라고 여기다, ~라고 생각하다

☐☐ 享受 xiǎngshòu 동 누리다, 즐기다

☐☐ 只是 zhǐshì 부 단지, 오직

☐☐ 出麻烦 chū máfan 문제가 생기다, 말썽이 나다

☐☐ 信用卡 xìnyòngkǎ 명 신용 카드

☐☐ 书名 shūmíng 명 책의 이름, 서명

☐☐ 如何 rúhé 대 어떻게

☐☐ 理财 lǐ cái 동 재무를 관리하다

1 不管是逛商店，还是在网上买东西，我都喜欢。

쇼핑하러 다니건, 아니면 인터넷에서 물건을 사건, 나는 다 좋아합니다.

不管…都…는 제시된 어떤 조건에서도 결론은 변함 없음을 나타내는 조건 관계 구문으로, '~에 관계없이 다 ~하다', '~를 막론하고, 다 ~하다'라는 뜻을 나타냅니다. 이때 不管 뒤에 나오는 조건은 반드시 선택문, 병렬문, 의문사가 있는 의문문이어야 합니다.

不管是中国菜还是韩国菜，我都喜欢吃。 중국요리건 아니면 한국 요리건, 나는 다 좋아해요.

不管有没有用，他都要买。 쓸모가 있건 없건, 그는 다 사려고 해요.

TIP 不管 대신 不论(búlùn), 无论(wúlùn)으로 바꾸어 쓸 수 있습니다.

해석하기 你不管穿什么衣服，都很好看。

　　➡ _____

중작하기 당신이 뭐라고 말을 하든지, 나는 중국에 유학을 갈 겁니다.

　　➡ _____

2 虽然工资不高，可是花钱的地方却很多。

비록 월급은 많지 않지만, 돈을 쓰는 곳은 오히려 많습니다.

虽然…可是…는 '비록 ~지만, 그러나 ~하다'라는 뜻으로, 양보를 나타내는 표현입니다. 어떤 사실이 존재할지라도 이와 상반되는 또 하나의 사실이나 가능성이 있음을 의미합니다. 虽然은 주어의 앞뒤에 모두 위치할 수 있습니다.

虽然不好吃，可是都吃完了。 비록 맛은 없지만, 다 먹었어요.

虽然下大雨，可是他还是去了。 비록 비가 많이 내렸지만, 그는 그래도 갔어요.

해석하기 虽然我没见过他，可是我听说过他的名字。

➡ _____

중작하기 비록 월급(工资)이 많지 않지만, 나는 재미있다고 느낍니다.

➡ _____

3 我认为挣钱就是为了享受。

나는 돈을 버는 것은 누리기 위해서라고 생각합니다.

是는 '이다', 为了는 '~ 하기 위해서'라는 뜻으로, 이 두 단어가 함께 쓰여 '~를 하는 것은 ~하기 위함이다'라는 목적을 강조합니다.

父母对孩子这么严格是为了孩子的未来。
부모가 아이에게 이렇게 엄격한 것은 아이의 미래를 위해서예요.

我打工是为了买我喜欢的东西。
내가 아르바이트 하는 것은 내가 좋아하는 물건을 사기 위해서예요.

해석하기 我这么努力打工赚钱是为了明年去中国。

➡ _____

중작하기 내가 이렇게 열심히 일하는 것은 집(房子)을 사기 위해서입니다.

➡ _____

단어 有用 yǒu yòng 통 쓸모가 있다 | 严格 yángé 형 엄격하다 | 未来 wèilái 명 미래

1 그림을 보고 어떤 상황인지 설명해 보세요.

❶

_____

❷

_____

2 다음 단문을 읽고 질문에 답하세요.

> 　　现在年轻人的生活很不容易。他们不但工作压力大，而且生活压力也不小。很多刚工作的年轻人，工资比较低，但是生活上要花很多钱。所以很多人都成了月光族。
>
> **단어** 压力 yālì 몡 스트레스, 압박감 ｜ 低 dī 혱 낮다

❶ 现在年轻人的生活怎么样？

　　A 辛苦　　　　　B 容易　　　　　C 压力小　　　　D 工作轻松

❷ 为什么很多人都成了月光族？

　　A 挣得多花得少　　　　　　　B 挣得少花得多

　　C 挣得少花得少　　　　　　　D 挣得多花得多

3 녹음을 듣고 질문에 알맞은 답을 고르세요.

Track09-08

① A 一朵花　　　　B 一束花　　　　C 一个花瓶　　　　D 一个花盆

② A 三十元　　　　B 一百元　　　　C 一百三十元　　　　D 一百五十元

4 제시된 단어를 배열하여 문장을 만드세요.

① 呀 / 才 / 知道 / 现在　|　平时 / 那 / 大手大脚 / 的 / 别

➡ _____? _____

② 贵 / 有 / 点儿　|　点儿 / 便宜 / 能 / 还 / 再 / 吗

➡ _____, _____

③ 你 / 对着 / 发 / 电脑 / 呆 / 呀 / 什么

➡ _____

④ 我 / 是 / 认为 / 为了 / 一个 / 好 / 有 / 身体 / 运动

➡ _____

단어 花瓶 huāpíng 몡 꽃병 | 赔本 péi běn 통 손해를 보다, 밑지다 | 原价 yuánjià 몡 원가 |
朵 duǒ 양 송이[꽃이나 구름 등을 세는 단위] | 花盆 huāpén 몡 화분

노래로 즐기는 중국어

茉莉花
Mòlìhuā

江苏民歌
Jiāngsū míngē

好一朵美丽的茉莉花
hǎo yì duǒ měilì de mòlìhuā

好一朵美丽的茉莉花
hǎo yì duǒ měilì de mòlìhuā

芬芳美丽满枝桠
fēnfāng měilì mǎn zhīyā

又香又白人人夸
yòu xiāng yòu bái rénrén kuā

让我来将你摘下
ràng wǒ lái jiāng nǐ zhāixià

送给别人家
sònggěi biérénjia

茉莉花呀茉莉花
mòlìhuā ya mòlìhuā

모리화

장쑤 민요

한 송이의 아름다운 모리화
한 송이의 아름다운 모리화
아름다운 가지마다 향기가 가득하네
향기롭기도 하고 하얗기도 하여 사람들 모두 칭찬하네
너를 한 송이 꺾어다가
다른 사람에게 선물해 주고 싶어라
모리화야, 모리화

> **TIP** 모리화(茉莉花)는 우리가 잘 알고 있는 재스민꽃으로, 중국의 아열대 산지에 자생적으로 피는데,
> 그 향과 순백의 색깔로 많은 사람들의 사랑을 받아 왔고, 그것이 민요로 발전했어요. 원곡은 〈鲜
> 花调〉인데, 何仿(Hé Fǎng)이라는 음악가가 편곡, 각색하여 〈茉莉花〉로 바뀌었어요. 우리나라의
> 아리랑이나 도라지처럼 중국을 상징하는 민요로, 2008년 베이징 올림픽의 메달 시상식에서도 흘
> 러 나왔답니다.

START!

10과

你哪儿不舒服?

당신은 어디가 불편하세요?

트레이닝 듣기

Track10과

학습 포인트

▶ **표현**   병원에서 쓰는 표현 익히기
            병의 증상 표현 익히기

▶ **어법**   동사+掉 | …得受不了 | 非…不可

医生　你哪儿不舒服？
Nǐ nǎr bù shūfu?

东民　大夫，我最近胃疼得厉害，
Dàifu, wǒ zuìjìn wèi téng de lìhai,

而且有点儿恶心。
érqiě yǒudiǎnr ěxin.

医生　没有别的症状吗？
Méiyǒu bié de zhèngzhuàng ma?

东民　好像没有。
Hǎoxiàng méiyǒu.

医生　什么时候开始的？　以前有胃病史吗？
Shénme shíhou kāishǐ de?　　Yǐqián yǒu wèi bìngshǐ ma?

东民　以前没有，大概一个月以前开始的。
Yǐqián méiyǒu, dàgài yí ge yuè yǐqián kāishǐ de.

医生　平时吃早饭吗？
Píngshí chī zǎofàn ma?

东民　学校离家比较远，没有时间吃早饭。
Xuéxiào lí jiā bǐjiào yuǎn, méiyǒu shíjiān chī zǎofàn.

医生　那也得吃早饭，早上空着❶肚子很不好。
Nà yě děi chī zǎofàn, zǎoshang kōngzhe dùzi hěn bù hǎo.

我看你可能是胃炎，去做个胃镜检查吧。
Wǒ kàn nǐ kěnéng shì wèiyán, qù zuò ge wèijìng jiǎnchá ba.

☐☐ 胃 wèi · 몡 위[신체]

☐☐ 恶心 ěxin · 혱 메스껍다, 구역질이 나다

☐☐ 症状 zhèngzhuàng · 몡 증세, 증상

☐☐ 病史 bìngshǐ · 몡 병력

☐☐ 胃炎 wèiyán · 몡 위염

　　　　　　　　　　* 胃癌 wèi'ái 몡 위암

☐☐ 胃镜 wèijìng · 몡 위 내시경

☐☐ 检查 jiǎnchá · 몡 검사　동 검사하다

플러스 TIP

❶ 空着는 '비어 있는'이라는 의미로, 空에 조사 着를 붙여 상태의 지속을 나타내요. 일반적으로 肚子(배), 座位(좌석), 手(손) 등의 명사와 함께 써요.

　예 空着手　빈 손
　　 座位空着　자리가 비어 있다

　　　　　　　　　　　　　　·座位 zuòwèi 몡 자리, 좌석

📖 **확인 학습**　다음 질문에 알맞은 답을 고르세요.

1 东民是什么时候开始胃疼的?

　❶ 昨天早上　　❷ 今天早上　　❸ 一个星期以前　　❹ 一个月以前

2 最后医生让东民做什么?

　❶ 吃水果　　❷ 吃药　　　　❸ 做胃镜检查　　❹ 住院

　　　　단어 药 yào 몡 약, 약물 ｜ 住院 zhù yuàn 동 입원하다

STEP 1 녹음을 듣고 알맞은 그림을 고르세요.

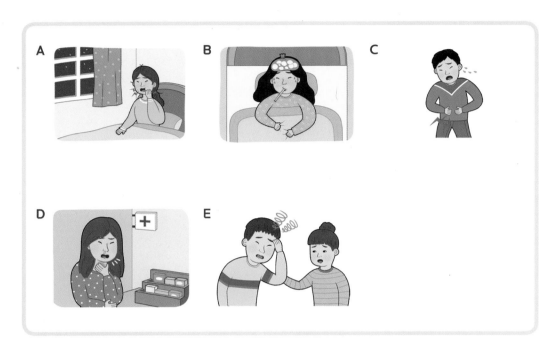

A

B

C

D

E

❶ ❷ ❸ ❹ ❺

□□ 犯 fàn 통 (병이나 좋지 않은 일이) 재발하다,
(법규 등을) 위반하다, 어기다

□□ 牙 yá 명 치아, 이

□□ 睡不着 shuì bu zháo
잘 수 없다, 잠들지 못하다

□□ 头晕 tóu yūn 머리가 어지럽다, 현기증이 나다

□□ 流鼻涕 liú bítì 콧물이 나다

□□ 嗓子 sǎngzi 명 목, 목구멍

□□ 发烧 fā shāo 통 열이 나다

□□ 烧 shāo 통 열이 나다, 끓이다, 태우다

□□ 病 bìng 통 아프다 명 병

□□ 经历 jīnglì 명 경험, 경력 통 경험하다

STEP 2 녹음을 다시 한 번 들으며 빈칸을 채운 후, 말해 보세요.

❶ _____，胃疼得很厉害。

❷ 昨天晚上_____，我一直_____。

❸ 有点儿头晕，_____。

❹ 流鼻涕，_____。

❺ 你在发烧，_____。

스피킹 TIP

着는 발음이 여러 개 있는데, 그중 가능보어 또는 결과보어로 쓰일 때는 zháo로 발음하고, 동태조사로 쓰여 상태나 동작의 지속을 나타낼 때는 zhe로 발음해요.

여기서 睡不着(shuì bu zháo)는 '잘 수 없다'라는 뜻으로, 着가 '목적이 달성되었거나 결과가 있음'을 나타내는 가능보어로 쓰였어요.

STEP 3 제시된 단어를 이용하여 다음 질문에 중국어로 대답해 보세요.

疼	厉害	睡不着

Q 说说你病得非常严重的一次经历。

A _____

拔牙记
Bá yá jì

我的智齿发炎了，疼得非常厉害，这几天晚上睡不着。以前
Wǒ de zhìchǐ fāyán le, téng de fēicháng lìhai, zhè jǐ tiān wǎnshang shuì bu zháo.　Yǐqián

也发炎过，医生让我拔掉❶它。可是我怕疼，就没拔，只吃了一些
yě fāyánguo, yīshēng ràng wǒ bádiào tā.　Kěshì wǒ pà téng, jiù méi bá, zhǐ chīle yìxiē

消炎药。这次疼得受不了❷了，非拔掉它不可❸了。
xiāoyányào.　Zhècì téng de shòu bu liǎo le, fēi bádiào tā bùkě le.

我去了牙科医院，医生给我打了麻醉药，然后用了十几分钟
Wǒ qùle yákē yīyuàn, yīshēng gěi wǒ dǎle mázuìyào, ránhòu yòngle shíjǐ fēnzhōng

就把智齿拔掉了。原来拔牙并没想象的那么疼，以前真是白担心
jiù bǎ zhìchǐ bádiào le.　Yuánlái bá yá bìng méi xiǎngxiàng de nàme téng, yǐqián zhēnshi bái dān xīn

了。拔掉了智齿，牙就不会再疼了。我真后悔没早点儿拔牙。
le.　Bádiàole zhìchǐ, yá jiù bú huì zài téng le.　Wǒ zhēn hòuhuǐ méi zǎodiǎnr bá yá.

1 본문의 내용에 근거하여 다음 질문에 중국어로 답하세요.

❶ 这几天她为什么睡不着？ 🎤 _____

❷ 以前她没拔掉智齿的原因是什么？ 🎤 _____

❸ 她觉得拔牙疼吗？ 🎤 _____

2 녹음을 듣고 본문과 일치하면 ○, 일치하지 않으면 ✕를 표시한 후,
녹음 내용을 빈칸에 쓰세요.

Track10-06

❶ ☐ 医生说这次_____。

❷ ☐ 拔牙的时候打了麻醉药，_____。

❸ ☐ _____没早点儿拔牙。

단어 🖊🐻🐰

Track10-07

☐☐ 拔 bá 툉 뽑다, 빼다

☐☐ 记 jì 기[어떤 내용을 기재 또는 묘사한 문장이나 책]

☐☐ 智齿 zhìchǐ 몡 사랑니

☐☐ 发炎 fāyán 툉 염증이 생기다

☐☐ 掉 diào 툉 떨어지다, 빠지다

☐☐ 消炎药 xiāoyányào 몡 소염제

☐☐ 受不了 shòu bu liǎo 참을 수 없다

☐☐ 非…不可 fēi…bùkě ～하지 않으면 안 된다

☐☐ 牙科 yákē 몡 치과

☐☐ 打 dǎ 툉 주사하다, (주사를) 맞다

☐☐ 麻醉药 mázuìyào 몡 마취약

☐☐ 并 bìng 뤼 결코, 전혀

☐☐ 想象 xiǎngxiàng 툉 상상하다

☐☐ 后悔 hòuhuǐ 툉 후회하다

1 以前也发炎过，医生让我拔掉它。

예전에도 염증이 생긴 적이 있었는데, 의사가 나에게 그것을 뽑아 버리라고 했습니다.

掉는 동사로 '떨어지다', '빠지다'라는 뜻이 있지만, 일부 동사의 뒤에서 동작의 결과를 보충하는 결과보어로 쓰여 '~해 버리다'라는 제거의 의미를 나타내기도 합니다.

你一定要把这个吃掉。 당신이 반드시 이것을 먹어 버려야 해요.

这条牛仔裤太旧了，扔掉它。 이 청바지는 너무 낡았으니, 그것을 버려 버리세요.

해석하기　里面的水都倒掉吧。

➡ _____

중작하기　당신은 커피를 마셔 버리세요.

➡ _____

2 这次疼得受不了了。

이번에는 아파서 참을 수가 없었습니다.

受不了는 '~해서 참을 수가 없다', '~해서 견딜 수 없다'라는 의미로, 어떤 대상이나 상황이 참을 수 없는 정도에 이르렀음을 나타냅니다. 보통 앞에 부정적인 의미의 형용사가 와서 「형용사+得+受不了」 형식으로 쓰입니다. 반대로 '~를 참을 수 있다', '~를 견딜 수 있다'라는 의미를 나타낼 때는 '受得了'라고 합니다.

我饿得受不了，咱们快吃饭吧。 나는 배고파서 참을 수가 없어요. 우리 빨리 밥 먹어요.

这几天一直熬夜工作，我困得受不了了。
요 며칠 계속 밤새 일했더니, 나는 졸려서 참을 수가 없어요.

TIP 동사 뒤에 不了(bu liǎo)를 쓰면 '~할 수 없다'라는 의미를 나타내고, 得了(de liǎo)를 쓰면 '~할 수 있다'라는 의미를 나타냅니다.

해석하기 我等了一个小时，他还没来。我真气得受不了了。

➡ _____

중작하기 오늘 날씨가 너무 덥습니다. 나는 더워서 참을 수가 없습니다.

➡ _____

3 非**拔掉它**不可了。

그것을 뽑아 버리지 않으면 안 됐습니다.

非…不可는 '~하지 않으면 안 된다', '꼭 ~할 것이다'라는 뜻으로, 필연성 또는 강인한 의지나 염원을 나타냅니다. 종종 非 뒤에 조동사 得(děi)를 씁니다.

这件事非得他做不可，别人干不了。

이 일은 그가 하지 않으면 안 돼요. 다른 사람은 할 수 없어요.

别人都说学汉语很难，可我非学好汉语不可。

다른 사람들은 모두 중국어를 배우는 것이 어렵다고 하지만, 나는 중국어를 잘하고 말 거예요.

TIP 不可 대신 不行, 不成으로 바꾸어 쓸 수 있습니다.

해석하기 我不想参加那个会议，可他非让我参加不可。

➡ _____

중작하기 나는 오늘 이 책을 다 보지 않으면 안 됩니다.

➡ _____

단어 扔 rēng 동 버리다 │ 会议 huìyì 명 회의

1 그림을 보고 다음 질문에 답해 보세요.

❶

Q 她哪儿不舒服？

A _____

❷

Q 她怎么了？

A _____

2 다음 **보기** 중에서 빈칸에 들어갈 알맞은 단어를 고르세요.

> **보기**
>
> A 恶心   B 症状   C 空着   D 发炎   E 检查

❶ 去别人家里_____手不好，最好带上一个小礼物。

❷ 我可能是晕车了，现在非常_____。

❸ 除了头疼，还有没有别的_____？

❹ 我的嗓子_____了，不但很疼，而且说不出话来。

3 녹음을 듣고 질문에 알맞은 답을 고르세요.

Track10-08

① A 检查身体　　B 打针　　　C 买药　　　D 挂号

② A 一楼　　　　B 四楼　　　C 五楼　　　D 十楼

4 제시된 단어를 배열하여 문장을 만드세요.

① 以前 / 开始 / 半个月 / 的 / 大概

➡ _____

② 牙 / 想象的 / 疼 / 没 / 那么 / 拔 / 并

➡ _____

③ 药 / 吃 / 完　｜　不会 / 头就 / 疼 / 了 / 再

➡ _____ , _____

④ 检查 / 吗 / 做 / 胃镜 / 不可 / 非

➡ _____

단어 | 晕车 yùn chē 동 차멀미하다 ｜ 挂号 guà hào 동 (병원 창구에) 접수하다 ｜ 科 kē 명 과[연구 분야를 분류한 구분] ｜ 内科 nèikē 명 내과 ｜ 电梯 diàntī 명 승강기, 엘리베이터 ｜ 打针 dǎ zhēn 동 주사를 맞다

◆ 병원 진료를 받을 때

빨리 구급차 불러 주세요.

快叫救护车。
Kuài jiào jiùhùchē.

먼저 가서 채혈하세요.

先去抽血。
Xiān qù chōu xiě.

체온과 혈압 좀 잴게요.

量一下体温和血压。
Liáng yíxià tǐwēn hé xuèyā.

수술해야 돼요.

要做个手术。
Yào zuò ge shǒushù.

주사 맞기 무서워요.

害怕打针。
Hàipà dǎ zhēn.

검사 결과는 언제 나와요?

检查结果什么时候出来?
Jiǎnchá jiéguǒ shénme shíhou chūlai?

며칠 입원해야 돼요?

要住几天院?
Yào zhù jǐ tiān yuàn?

언제 퇴원해요?

什么时候出院?
Shénme shíhou chū yuàn?

단어 救护车 jiùhùchē 몡 구급차 | 抽血 chōu xiě 피를 뽑다, 채혈하다 | 量 liáng 동 측량하다, 측정하다 | 体温 tǐwēn 몡 체온 | 血压 xuèyā 몡 혈압 | 手术 shǒushù 몡 수술 | 出院 chū yuàn 동 퇴원하다

你要住几天院?

三天。

START!

11과

你又得了奖学金。

당신은 또 장학금을 받았군요.

트레이닝 듣기

Track11과

학습 포인트

▶ **표현** 학교 생활 관련 표현 익히기
      정도 예측 표현 익히기

▶ **어법** 好不容易 | 不至于 | 偏偏

阿美　听说你又得了奖学金，
　　　Tīng shuō nǐ yòu déle jiǎngxuéjīn,

　　　你真行❶啊！
　　　nǐ zhēn xíng a!

东民　哪儿啊，是我运气好。
　　　Nǎr a, shì wǒ yùnqi hǎo.

阿美　你别谦虚了。
　　　Nǐ bié qiānxū le.

　　　你怎么每次都能得奖学金？　有什么秘诀吗？
　　　Nǐ zěnme měi cì dōu néng dé jiǎngxuéjīn?　Yǒu shénme mìjué ma?

东民　没什么，就是好好儿上课，好好儿复习。
　　　Méi shénme, jiùshì hǎohāor shàng kè, hǎohāor fùxí.

阿美　把你的笔记借给我看看，可以吗？
　　　Bǎ nǐ de bǐjì jiègěi wǒ kànkan, kěyǐ ma?

东民　可以。
　　　Kěyǐ.

阿美　这次的奖学金，你打算怎么花呀？
　　　Zhècì de jiǎngxuéjīn, nǐ dǎsuan zěnme huā ya?

东民　我先请你吃顿饭吧。
　　　Wǒ xiān qǐng nǐ chī dùn fàn ba.

阿美　你说话算数❷。我要吃非常贵的。
　　　Nǐ shuō huà suàn shù.　Wǒ yào chī fēicháng guì de.

□□ 得 dé · 통 얻다, 획득하다

□□ 奖学金 jiǎngxuéjīn · 명 장학금

□□ 行 xíng · 형 대단하다, 능력이 있다 · 통 ~해도 된다

□□ 运气 yùnqi · 명 운, 운수

□□ 谦虚 qiānxū · 형 겸손하다

　　　　　　　　　　　* 반의 骄傲 jiāo'ào · 형 거만하다, 자랑스럽다

□□ 秘诀 mìjué · 명 비결

□□ 笔记 bǐjì · 명 필기

□□ 算数 suàn shù · 통 (한 말을) 책임지다, (유효하다고) 인정하다

플러스 TIP

❶ 여기서 行은 형용사 술어로 쓰여 '대단하다', '능력이 있다'라는 의미를 나타내요. 동사로 쓰일 때는 可以와 같이 '~해도 된다', '가능하다'라는 뜻을 나타내요.

❷ 说话算数는 '한 말을 꼭 지켜라'라는 뜻으로, 算数는 '책임지다'라는 의미예요.

📖 확인 학습　다음 질문에 알맞은 답을 고르세요.

1 东民每次得奖学金的秘诀是什么?

　❶ 运气好　　　❷ 努力学习　　　❸ 很聪明　　　❹ 考试考得好

2 东民可能会用奖学金做什么?

　❶ 请客　　　❷ 买书　　　❸ 去旅行　　　❹ 买礼物

STEP 1 녹음을 듣고 알맞은 그림을 고르세요.

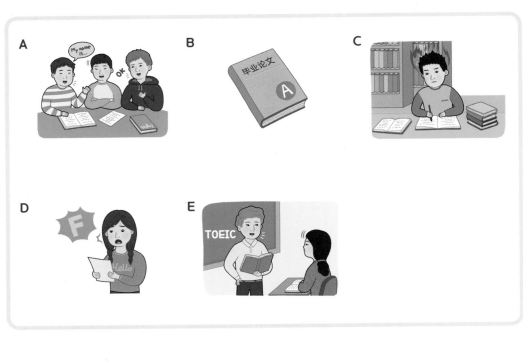

A

B 毕业论文 A

C

D F

E TOEIC

❶   ❷   ❸   ❹   ❺

단어

□□ 泡 pào 图 (액체에) 담그다, (어떤 장소에) 오래 머무르다

□□ 论文 lùnwén 圐 논문

□□ 通过 tōngguò 图 통과하다

□□ 小组 xiǎozǔ 圐 소그룹, 서클, 동아리

□□ 砸 zá 图 망치다, 실패하다

❶ _____, 我最近在上英语培训班。

❷ _____, 我整天泡在图书馆里。

❸ 我的_____了。

❹ 我想_____的学习小组。

❺ 这次考试我_____。

스피킹 TIP

泡는 명사로 쓰일 때는 '거품'이라는 뜻을 나타내고, 동사로 쓰일 때는 「泡+물건」 형식으로 쓰여 '(액체 속에) 담그다'라는 뜻을 나타내거나, 「泡+在+장소」 형식으로 쓰여 '(어떤 장소에) 오래 머무르다'라는 뜻을 나타내요.

㉘ 泡茶　차를 우리다
　　泡在图书馆　도서관에 틀어 박혀 있다

STEP **3** 제시된 단어를 이용하여 다음 질문에 중국어로 대답해 보세요.

培训班 泡 通过

Q 毕业后你打算做什么? 怎么准备?

A _____

Track11-05

考砸了
Kǎozá le

这次《音乐和心理学》的考试，我考砸了。
Zhècì《Yīnyuè hé Xīnlǐxué》de kǎoshì, wǒ kǎozá le.

同学们都说《音乐和心理学》既简单又有趣，所以选课的
Tóngxuémen dōu shuō《Yīnyuè hé Xīnlǐxué》jì jiǎndān yòu yǒuqù, suǒyǐ xuǎn kè de

时候，我特意选了这门。而且考试以前，我好不容易❶弄到了复习
shíhou, wǒ tèyì xuǎnle zhè mén.　Érqiě kǎo shì yǐqián, wǒ hǎobù róngyì nòngdàole fùxí

资料，心想这次考试不至于❷不及格吧。
zīliào, xīnxiǎng zhècì kǎoshì bú zhìyú bù jígé ba.

糟糕！考试那天我偏偏❸感冒了，而且考试题和复习资料完全
Zāogāo!　Kǎoshì nà tiān wǒ piānpiān gǎnmào le, érqiě kǎoshì tí hé fùxí zīliào wánquán

不一样，我连一道题也不会做。白熬夜看了那么久，还累得要命。
bù yíyàng, wǒ lián yí dào tí yě bú huì zuò.　Bái áo yè kànle nàme jiǔ, hái lèi de yào mìng.

今天考试结果出来了。唉！我不及格。
Jīntiān kǎoshì jiéguǒ chūlai le.　Āi!　Wǒ bù jígé.

1 본문의 내용에 근거하여 다음 질문에 중국어로 답하세요.

❶ 他为什么选了《音乐和心理学》？   🎤 _____

❷ 考试前，他为什么觉得这次会及格？ 🎤 _____

❸ 最后他考试考得怎么样？   🎤 _____

2 녹음을 듣고 본문과 일치하면 ○, 일치하지 않으면 ×를 표시한 후,
녹음 내용을 빈칸에 쓰세요.

Track11-06

❶ ☐   我_____《音乐和心理学》。

❷ ☐   考试前，我_____。

❸ ☐   考试题和复习资料_____。

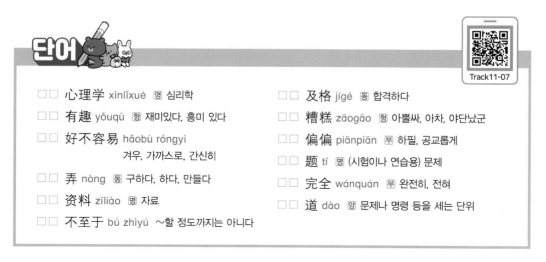

Track11-07

☐☐ 心理学 xīnlǐxué 명 심리학

☐☐ 有趣 yǒuqù 형 재미있다, 흥미 있다

☐☐ 好不容易 hǎobù róngyì
　　　　　 겨우, 가까스로, 간신히

☐☐ 弄 nòng 동 구하다, 하다, 만들다

☐☐ 资料 zīliào 명 자료

☐☐ 不至于 bú zhìyú ~할 정도까지는 아니다

☐☐ 及格 jígé 동 합격하다

☐☐ 糟糕 zāogāo 형 아뿔싸, 아차, 야단났군

☐☐ 偏偏 piānpiān 부 하필, 공교롭게

☐☐ 题 tí 명 (시험이나 연습용) 문제

☐☐ 完全 wánquán 부 완전히, 전혀

☐☐ 道 dào 양 문제나 명령 등을 세는 단위

1 　我好不容易弄到了复习资料。

나는 간신히 복습할 자료를 구했습니다.

好不는 '매우', '아주'라는 부사로, 일부 2음절 형용사 앞에 놓여 매우 심함을 긍정적으로 나타내며 감탄의 어기를 표현합니다. 이때 好不와 好는 같은 의미로 쓰입니다. 다만 容易는 예외적으로 好不나 好와 결합할 경우 부정의 의미를 나타내서 '好不容易'와 '好容易' 모두 '매우 쉽지 않다'라는 의미로 '겨우', '간신히'라고 해석합니다.

作业太难了，好不容易做完了。 숙제가 너무 어려워서 간신히 다 끝냈어요.

只来过一次，好不容易找到了。 한 번밖에 안 와 봐서 간신히 찾았어요.

해석하기 好不容易找到的工作，为什么要辞职？

➡ _____

중작하기 간신히 집으로 돌아가는 차표를 샀습니다.

➡ _____

2 　心想这次考试不至于不及格吧。

마음속으로 이번 시험에 불합격까지는 아니겠지라고 생각했습니다.

不至于는 '~에 이르지 않는다', '~할 정도까지는 아니다'라는 뜻으로, 일이나 상황이 이러한 정도로는 일어나지 않을 것이라는 예측을 나타냅니다. 不至于 뒤의 목적어는 일반적으로 화자가 희망하지 않는 일이나 바람직하지 않는 내용이 옵니다.

即使去晚了也不至于没座位，你放心吧。

설령 늦게 간다 하더라도 좌석이 없을 정도는 아니니까 안심하세요.

虽然我成绩不太好，也不至于上不了大学。

비록 나는 성적이 별로 좋지 않지만, 대학에 들어갈 수 없을 정도는 아니에요.

해석하기 她开玩笑呢, 你不至于生这么大的气吧。

　　➡ _____

중작하기 한마디도 못 알아들을 정도는 아닙니다.

　　➡ _____

3 考试那天我偏偏感冒了。

시험 당일 날 나는 하필 감기에 걸렸습니다.

偏偏은 '하필', '공교롭게'라는 뜻으로, 주관적인 생각이나 기대가 사실과는 정반대임을 나타냅니다. 偏 하나만 쓰기도 하지만, 주어 앞에 쓰일 때는 반드시 偏偏으로 써야 합니다.

我复习了第五课, 但老师偏偏考了第六课。

나는 5과를 복습했는데, 선생님은 하필 6과를 시험 보셨어요.

我一下课就跑到百货商店去了, 可是偏偏今天百货商店没开门。

나는 수업이 끝나자마자 백화점으로 달려갔는데, 하필 오늘 백화점이 문을 안 열었어요.

해석하기 我今天没带雨伞, 偏偏下雨了。

　　➡ _____

중작하기 어제 그녀가 나를 찾아왔는데, 공교롭게 나는 집에 없었습니다.

　　➡ _____

단어 辞职 cí zhí 동 사직하다 | 即使 jíshǐ 접 설령 ~하더라도 | 成绩 chéngjì 명 성적, 성과

1 그림을 보고 다음 대화를 완성하세요.

①

女 今晚我们一起去喝酒吧。

男 _____

②

男 这次考得怎么样?

女 _____

2 내용이 자연스럽게 연결되도록 문장을 배열하세요.

① A 发现没带钱包，所以只好把东西放回去了

　　B 唉！怎么偏偏这个时候发现没带钱包呢

　　C 我今天在超市结账的时候　　　　　☐ ➡ ☐ ➡ ☐

② A 不管是机票还是高铁票，都太难买了

　　B 国庆节大家都出去玩儿

　　C 我好不容易才买到了一张　　　　　☐ ➡ ☐ ➡ ☐

3 녹음을 듣고 질문에 알맞은 답을 고르세요.

① A 复习　　　　B 找资料　　　　C 聊天儿　　　　D 参加考试

② A 他要去吃早饭　　　　　　　B 他家离图书馆很远

　　C 他想学英语　　　　　　　　D 他怕早上起不来

4 제시된 단어를 배열하여 문장을 만드세요.

① 你怎么 / 都 / 每次 / 得 / 能 / 奖学金

➡ _____

② 迟到 / 那天 / 我偏偏 / 了 / 考试

➡ _____

③ 白 / 那么 / 复习了 / 熬夜 / 久 ┃ 得 / 还 / 累 / 要命

➡ _____, _____

④ 里 / 他 / 泡 / 在 / 学习 / 整天 / 图书馆

➡ _____

단어 　期末考试 qīmò kǎoshì 기말고사 ┃ 占 zhàn ⑧ 차지하다, 점령하다 ┃ 叫醒 jiàoxǐng 깨우다, 일깨우다

Track11-09

长歌行
Cháng gē xíng

汉乐府
Hànyuèfǔ

青青园中葵，朝露待日晞。
Qīng qīng yuán zhōng kuí, zhāo lù dài rì xī.

阳春布德泽，万物生光辉。
Yáng chūn bù dé zé, wàn wù shēng guāng huī.

常恐秋节至，焜黄华叶衰。
Cháng kǒng qiū jié zhì, kūn huáng huā yè shuāi.

百川东到海，何时复西归？
Bǎi chuān dōng dào hǎi, hé shí fù xī guī?

少壮不努力，老大徒伤悲。
Shào zhuàng bù nǔlì, lǎo dà tú shāng bēi.

··

장가행

한악부

뜰에 아욱은 짙푸르고, 아침 이슬 햇살에 마르네.
봄 기운은 희망을 뿌리니, 만물이 생기를 띠는구나.
가을이 올까 두려워, 꽃잎은 노랗게 시들고.
하천은 흘러 동해에 다다르니, 언제쯤 다시 돌아갈까?
젊어 노력하지 않으니, 나이 들어 슬픔만 따르는구나.

TIP 〈长歌行〉은 한(汉)나라의 한악부(汉乐府)에서 지은 시로, 한악부는 진(秦)나라 때 처음 설치된 악무(음악과 춤)을 교육시키는 전문 기관이에요. 〈长歌行〉은 계절이 빨리 바뀌어 시간이 지나가고 나면 다시 돌아오지 않으므로, 젊은 시절을 소중히 여기고 노력하여 자신의 뜻을 이루도록 권하는 내용이에요.

START!

12과

那要绕很远。

그럼 멀리 돌아가야 해요.

트레이닝 듣기

Track12과

학습 포인트

▶ **표현** 대중교통 이용하기
　　　　 교통수단 관련 표현 익히기

▶ **어법** 正要 | 동사+下来 | 동사·형용사+得+정도보어

Track12-01

小英 师傅，什么时候能到啊?
Shīfu, shénme shíhou néng dào a?

我有急事。
Wǒ yǒu jí shì.

司机 这个不好说，
Zhège bù hǎo shuō,

现在是高峰时间，
xiànzài shì gāofēng shíjiān,

车堵得太厉害。
chē dǔ de tài lìhai.

小英 要不走小路怎么样?
Yàobù zǒu xiǎolù zěnmeyàng?

司机 那要绕很远，没关系吗?
Nà yào rào hěn yuǎn, méi guānxi ma?

小英 只要**❶**能快点儿就行，今天我要参加面试。
Zhǐyào néng kuài diǎnr jiù xíng, jīntiān wǒ yào cānjiā miànshì.

司机 这样啊。那好，咱们走小路吧。
Zhèyàng a.　　Nà hǎo, zánmen zǒu xiǎolù ba.

我尽量快点儿把你送过去。
Wǒ jǐnliàng kuài diǎnr bǎ nǐ sòng guòqu.

□□ 师傅 shīfu · 명 기사[기사, 수리공 등 전문 기술을 가진 사람에게 쓰는 호칭]

□□ 司机 sījī · 명 기사, 운전사

□□ 高峰时间 gāofēng shíjiān · 러시아워

□□ 小路 xiǎolù · 좁은 길, 작은 길

□□ 绕远(儿) rào yuǎn(r) · 동 멀리 돌아가다

　　　　　 * 绕 rào 동 우회하다, 돌아가다

□□ 只要 zhǐyào · 접 단지 ~하기만 하면

□□ 面试 miànshì · 명 면접 동 면접을 보다

□□ 尽量 jǐnliàng · 부 가능한 한, 되도록, 될 수 있는 한

□□ 送 sòng · 동 데려다 주다, (물건을) 보내다

　　　　　 * 반의 接 jiē 동 마중 가다, 데리러 오다, 받다

플러스 TIP

❶ 只要는 '단지(다만) ~하기만 하면'이라는 뜻으로, 뒤에는 就,
都, 也 등을 함께 써요.

📖 확인 학습　다음 질문에 알맞은 답을 고르세요.

1 小英要求司机干什么?

　❶ 不要绕远　　❷ 走大路　　❸ 快点儿开　　❹ 慢点儿开

2 走小路会怎么样?

　❶ 不用绕远　　❷ 可以快点儿　　❸ 车费很便宜　　❹ 堵得很厉害

　　　　　　단어 要求 yāoqiú 동 요구하다 명 요구 | 车费 chēfèi 차비

STEP 1 녹음을 듣고 알맞은 그림을 고르세요.

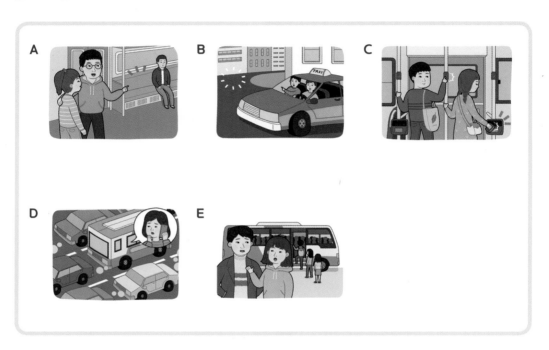

A

B

C

D

E

❶ ❷ ❸ ❹ ❺

□ □ 座位 zuòwèi 圐 자리, 좌석

□ □ 趟 tàng 圀 번, 차례[사람이나 차의 왕래 횟수를
세는 단위]

❶ ＿＿＿＿＿＿＿＿＿＿＿＿，我们去那边吧。

❷ 现在堵车堵得太厉害，可能＿＿＿＿＿＿＿＿＿＿＿＿。

❸ 在前边＿＿＿＿＿＿＿＿。

❹ 人太多，我们＿＿＿＿＿＿＿＿＿＿。

❺ 马上＿＿＿＿＿＿＿＿，我们准备下车吧。

스피킹 TIP

趟은 '차례', '번'이라는 뜻으로, 사람이나 차가 왕래한 횟수를 나타내요.

예 去趟洗手间 화장실에 갔다오다

　　白跑一趟 헛걸음치다

•洗手间 xǐshǒujiān 명 화장실

STEP 3 제시된 단어를 이용하여 다음 질문에 중국어로 대답해 보세요.

座位　　站　　高峰时间

Q 你平时坐公交车还是地铁去上班? 坐几站? 有座位吗?

A ＿＿＿＿＿＿＿＿＿＿＿＿＿＿＿＿＿＿＿＿＿＿＿＿＿＿

地铁上的经历
Dìtiě shang de jīnglì

我家离公司很远，坐地铁要一个半小时。我每天起得很早，
Wǒ jiā lí gōngsī hěn yuǎn, zuò dìtiě yào yí ge bàn xiǎoshí. Wǒ měi tiān qǐ de hěn zǎo,

只有在地铁里睡一会儿，才不会觉得累。今天，地铁里人也很
zhǐyǒu zài dìtiě li shuì yíhuìr, cái bú huì juéde lèi.　　　Jīntiān, dìtiě li rén yě hěn

多，我站在座位的前边。过了两站，坐在我前边的人站起来要下
duō, wǒ zhànzài zuòwèi de qiánbian. Guòle liǎng zhàn, zuòzài wǒ qiánbian de rén zhàn qǐlai yào xià

车。我正要❶坐，突然旁边的一个人挤过来，把我的座位抢走了。
chē.　Wǒ zhèng yào zuò, tūrán pángbiān de yí ge rén jǐ guòlai, bǎ wǒ de zuòwèi qiǎngzǒu le.

又过了几站，这个人下车了。我心想终于可以坐下来❷睡觉了，没
Yòu guòle jǐ zhàn, zhège rén xià chē le.　　　Wǒ xīnxiǎng zhōngyú kěyǐ zuò xiàlai shuì jiào le, méi

想到旁边的人在打电话，说话声音非常大，吵得我睡不着❸。
xiǎngdào pángbiān de rén zài dǎ diànhuà, shuō huà shēngyīn fēicháng dà, chǎo de wǒ shuì bu zháo.

一直到下车，我都没有睡着，今天一天可怎么过呀？
Yìzhí dào xià chē, wǒ dōu méiyǒu shuìzháo, jīntiān yì tiān kě zěnme guò ya?

1 본문의 내용에 근거하여 다음 질문에 중국어로 답하세요.

❶ 公司离他家远吗? 🎤 _____

❷ 前边的人下车后他为什么没坐下? 🎤 _____

❸ 他在车里睡不着的原因是什么? 🎤 _____

2 녹음을 듣고 본문과 일치하면 ○, 일치하지 않으면 ✕를 표시한 후, 녹음 내용을 빈칸에 쓰세요.

Track12-06

❶ ▢ 从我家到公司_____。

❷ ▢ 地铁里_____，_____。

❸ ▢ 到下车的那站，_____。

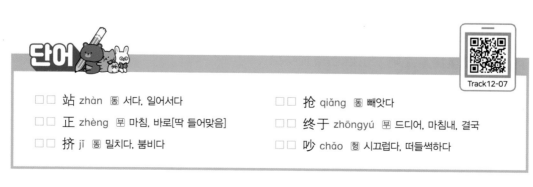

단어

Track12-07

▢▢ 站 zhàn 图 서다, 일어서다

▢▢ 正 zhèng 图 마침, 바로[딱 들어맞음]

▢▢ 挤 jǐ 图 밀치다, 붐비다

▢▢ 抢 qiǎng 图 빼앗다

▢▢ 终于 zhōngyú 图 드디어, 마침내, 결국

▢▢ 吵 chǎo 图 시끄럽다, 떠들썩하다

1   我正要坐，突然旁边的一个人挤过来。

내가 마침 앉으려고 하는데, 갑자기 옆 사람이 밀치고 왔습니다.

正은 '마침', '딱 들어맞음'을 나타내는 부사고, 要는 '~하려고 하다'라는 뜻의 조동사입니다. 이 두 단어를 결합하여 正要로 쓰면 '마침 ~하려던 참이다', '바로 ~하려고 하다'라는 의미로 어떤 동작을 할 찰나에 공교롭게도 다른 일이 발생하는 것을 나타냅니다.

你来得好，我们正要去找你呢。 당신 잘 왔어요. 우리는 마침 당신을 찾아 가려던 참이에요.

我正要给他打电话，他就来了。 나는 마침 그에게 전화하려고 했는데, 그가 왔어요.

해석하기   我们正要出门的时候，下雨了。

➡ _____

중작하기   내가 마침 잠을 자려고 할 때, 친구가 문자 메시지(短信)를 보내왔습니다.

➡ _____

2   我心想终于可以坐下来睡觉了。

나는 마음속으로 드디어 앉아서 잘 수 있겠다고 생각했습니다.

下来는 동사 뒤에 쓰여 방향을 나타내는 보어로, 동작이 높은 곳에서 낮은 곳으로, 먼 곳에서 가까운 곳으로 이동할 때 사용합니다.

他从楼上走下来了。 그는 윗층에서 걸어 내려왔어요.

你把眼镜摘下来吧。 당신은 안경을 벗으세요.

TIP   下来는 停下来, 买下来처럼 일부 동사 뒤에 쓰여 어떤 동작이나 상태의 완성 또는 결과를 나타내기도 합니다.

해석하기 听到了那个消息，她的眼泪就掉下来了。

➡ _____

중작하기 당신은 위에 있는 물건을 내려놓으세요.

➡ _____

3 吵得我睡不着。

시끄러워서 나는 잠을 잘 수 없었습니다.

「동사/형용사+得+정도보어」형식은 동작의 상태·정도 등을 나타냅니다. 여기서는 「원인 +결과」의 형식으로 '~해서 ~하다'라는 의미를 나타내며, 정도보어는 동사나 형용사의 구 또는 절을 씁니다.

吓得我一句话也说不出来。 놀라서 나는 한마디도 말할 수가 없어요.

笑得肚子都疼了。 웃느라 배가 다 아팠어요.

해석하기 忙得忘了吃饭。

➡ _____

중작하기 울어서(哭) 그녀는 눈이 다 빨개졌습니다.

➡ _____

단어 摘 zhāi 图 (안경, 모자 등을) 벗다 | 消息 xiāoxi 圐 소식 | 眼泪 yǎnlèi 圐 눈물 | 吓 xià 图 놀라다

1 그림을 보고 다음 대화를 완성하세요.

❶

男 咱们能坐上去吗？

女 _____

❷

女 停在哪儿？

男 _____

2 다음 보기 중에서 빈칸에 들어갈 알맞은 단어를 고르세요.

보기

A 绕   B 抢   C 尽量   D 趟   E 挤

❶ 我假期去了一_____北京。

❷ 这个音乐剧很有名，票很难买，很多人都在_____票。

❸ 这么走的话要_____很远，我们回去吧。

❹ 你身体不好，_____少喝点儿酒。

3 녹음을 듣고 질문에 알맞은 답을 고르세요.

Track12-08

① A 给人让座　　　　　　B 帮人刷卡

　　C 换座位　　　　　　　D 帮人拿行李

② A 刚上车　　　　　　　B 下一站就要下车

　　C 他的包不太沉　　　　D 很有礼貌

4 제시된 단어를 배열하여 문장을 만드세요.

① 我 / 过去 / 寄 / 给你 / 尽量 / 快点儿

➡ _____

② 堵 / 厉害 / 得 / 车 ｜ 二十 / 要 / 分钟 / 晚 / 到 / 可能

➡ _____，_____

③ 人 / 旁边 / 的 / 抢 / 我的 / 了 / 把 / 座位 / 走

➡ _____

④ 我 / 下来 / 休息 / 了 / 终于 / 可以 / 坐

➡ _____

단어　大娘 dàniáng 뗑 아주머니 ｜ 让座 ràng zuò 통 자리를 양보하다 ｜
沉 chén 톙 무겁다 ｜ 礼貌 lǐmào 뗑 예의, 예절

Track12-09

♦ 운전에 대해 말할 때

길을 잃었어요.

迷路了。
Mí lù le.

추돌 사고 났어요.

追尾了。
Zhuī wěi le.

안전벨트를 매세요.

系上安全带。
Jìshang ānquándài.

앞에서 유턴하세요.

在前边掉头吧。
Zài qiánbian diào tóu ba.

신호 위반하지 마세요.

别闯红灯。
Bié chuǎng hóngdēng.

무단 횡단하지 마세요.

不要横穿马路。
Búyào héngchuān mǎlù.

과속하지 마세요.

不要超速。
Búyào chāosù.

절대 음주 운전하지 마세요.

千万不要酒驾。
Qiānwàn búyào jiǔjià.

단어 迷路 mí lù 图 길을 잃다 | 追尾 zhuī wěi 图 추돌하다 | 系 jì 图 매다, 묶다 | 安全带 ānquándài 图 안전벨트, 안전띠 | 闯 chuǎng 图 갑자기 뛰어들다, 돌진하다 | 横穿马路 héngchuān mǎlù 무단 횡단하다 | 超速 chāosù 图 과속하다 | 千万 qiānwàn 图 절대로, 제발 | 酒驾 jiǔjià 图 음주 운전하다

你开慢点儿, 不要超速。

知道了。

我终于找到工作了!

나는 드디어 취직했어요!

트레이닝 듣기

Track13과

阿美　我终于找到工作了！
　　　Wǒ zhōngyú zhǎodào gōngzuò le!

东民　是吗？ 恭喜你啊,
　　　Shì ma?　Gōngxǐ nǐ a,

　　　是你上次说的那家公司吗?
　　　shì nǐ shàngcì shuō de nà jiā gōngsī ma?

阿美　对，就是那家IT公司。
　　　Duì, jiù shì nà jiā IT gōngsī.

东民　真羡慕你找到这么好的工作。
　　　Zhēn xiànmù nǐ zhǎodào zhème hǎo de gōngzuò.

阿美　我也是投了很多简历、面试了很多次,
　　　Wǒ yě shì tóule hěn duō jiǎnlì、miànshìle hěn duō cì,

　　　才终于被录用的。
　　　cái zhōngyú bèi lùyòng de.

东民　功夫不负有心人❶，你的努力没有白费啊！
　　　Gōngfu bú fù yǒuxīnrén, nǐ de nǔlì méiyǒu báifèi a!

　　　怎么才能进那么好的公司呢?
　　　Zěnme cái néng jìn nàme hǎo de gōngsī ne?

阿美　东民，今天我请客，顺便❷告诉你这个秘诀。
　　　Dōngmín, jīntiān wǒ qǐng kè, shùnbiàn gàosu nǐ zhège mìjué.

☐☐ 羡慕 xiànmù　　　　　　　图 부러워하다

☐☐ 投简历 tóu jiǎnlì　　　　　이력서를 내다

　　　　　　　　　　　　　* 投 tóu 图 던지다, 투입하다, (편지나 원고 등을) 보내다

　　　　　　　　　　　　　简历 jiǎnlì 명 이력서

☐☐ 录用 lùyòng　　　　　　　图 채용하다, 임용하다

☐☐ 功夫不负有心人　　　　　노력은 뜻이 있는 사람을 저버리지 않는다
　　gōngfu bú fù yǒuxīnrén

☐☐ 顺便 shùnbiàn　　　　　　图 ~하는 김에, 겸사겸사

플러스 TIP

❶ 功夫不负有心人은 '노력(들인 시간)은 뜻이 있는 사람을 저
버리지 않는다'라는 뜻으로, 무슨 일이든 열심히, 부지런히
한다면 다 이룰 수 있음을 의미하는 속담이에요.

❷ 顺便은 '~하는 김에'라는 뜻의 부사로, 어떤 편리한 조건을
빌어 다른 일을 하는 것을 나타내요.

📖 **확인 학습**　다음 질문에 알맞은 답을 고르세요.

1 关于阿美，下面哪个是对的?

　❶ 被录用了　　　❷ 考上了大学　　　❸ 找到男朋友了　　❹ 要结婚了

2 接下来他们可能会做什么?

　❶ 在家休息　　　❷ 一起学习　　　❸ 去吃饭　　　❹ 看电影

　　　　　　　　　　　　　　　　　단어 接下来 jiēxiàlai 다음, 이어서

STEP 1 녹음을 듣고 알맞은 그림을 고르세요.

A

B

C

D

E

① ② ③ ④ ⑤

단어

Track13-04

□□ 哭 kū 동 울다

□□ 苗条 miáotiao 형 날씬하다

□□ 身材 shēncái 명 몸매, 체격

❶ 他们在医院工作，孩子们＿＿＿＿＿＿＿＿＿＿＿＿＿＿＿＿＿。

❷ ＿＿＿＿＿＿＿＿＿＿＿＿＿＿＿。每次世界杯的时候，都能看到他们。

❸ 经常＿＿＿＿＿＿＿＿＿＿＿＿＿＿＿＿＿。

❹ 整天和学生们＿＿＿＿＿＿＿＿＿。工作的时候＿＿＿＿＿＿＿＿＿。

❺ 个子＿＿＿＿＿，＿＿＿＿＿＿＿＿＿＿＿＿。工作时会穿很好看的衣服。

스피킹 TIP

＊ 직업 관련 단어
导游 dǎoyóu 관광 가이드
运动员 yùndòngyuán 운동선수
模特儿 mótèr 모델

STEP **3** 제시된 단어를 이용하여 다음 질문에 중국어로 대답해 보세요.

工作时 经常 做

Q 请介绍一下你最想做的工作。

A ＿＿＿＿＿＿＿＿＿＿＿＿＿＿＿＿＿＿＿＿＿＿＿＿＿＿＿＿＿

Track13-05

找工作
Zhǎo gōngzuò

大学快毕业了，对我来说，最重要的事情就是找工作。现
Dàxué kuài bì yè le, duì wǒ láishuō, zuì zhòngyào de shìqing jiù shì zhǎo gōngzuò.　　Xiàn

在找工作竞争非常激烈，同样一份工作，硕士生、博士生也来
zài zhǎo gōngzuò jìngzhēng fēicháng jīliè, tóngyàng yí fèn gōngzuò, shuòshìshēng, bóshìshēng yě lái

应聘，我一点儿优势都没有。我已经面试了十多家公司，一次也
yìngpìn, wǒ yìdiǎnr yōushì dōu méiyǒu.　　Wǒ yǐjīng miànshìle shí duō jiā gōngsī, yí cì yě

没成功。工资少的公司，我不想去；工资高的公司又看不上❶我。
méi chénggōng. Gōngzī shǎo de gōngsī, wǒ bù xiǎng qù; gōngzī gāo de gōngsī yòu kàn bu shàng wǒ.

幸好❷父母一直鼓励我，让我别着急。可是找一个适合自己、待遇
Xìnghǎo fùmǔ yìzhí gǔlì wǒ, ràng wǒ bié zháo jí.　　Kěshì zhǎo yí ge shìhé zìjǐ, dàiyù

好的工作简直太难了！难道❸我真的找不到这样的工作吗?
hǎo de gōngzuò jiǎnzhí tài nán le! Nándào wǒ zhēn de zhǎo bu dào zhèyàng de gōngzuò ma?

1 본문의 내용에 근거하여 다음 질문에 중국어로 답하세요.

❶ 对他来说，最重要的是什么？ 🎤 _____

❷ 他为什么说自己没有优势？ 🎤 _____

❸ 他的父母让他怎么做？ 🎤 _____

2 녹음을 듣고 본문과 일치하면 ○, 일치하지 않으면 ×를 표시한 후, 녹음 내용을 빈칸에 쓰세요.

Track13-06

❶ ☐ 我不想_____。

❷ ☐ 我_____。

❸ ☐ 我觉得_____很难。

단어

Track13-07

☐☐ 对…来说 duì…láishuō
　　　　~에게 있어서, ~의 입장에서 말하자면

☐☐ 事情 shìqing 몡 일, 용무, 직업

☐☐ 竞争 jìngzhēng 통 경쟁하다

☐☐ 激烈 jīliè 혱 치열하다

☐☐ 同样 tóngyàng 혱 같다

☐☐ 份 fèn 양 부, 건[일이나 문서를 세는 단위]

☐☐ 硕士生 shuòshìshēng 몡 석사생

☐☐ 博士生 bóshìshēng 몡 박사생

☐☐ 应聘 yìngpìn 통 응시하다, 지원하다

☐☐ 优势 yōushì 몡 우세, 우위

☐☐ 看不上 kàn bu shàng 마음에 들지 않다

☐☐ 幸好 xìnghǎo 뵈 다행히, 운 좋게

☐☐ 父母 fùmǔ 몡 부모

☐☐ 鼓励 gǔlì 통 격려하다, (용기를) 북돋우다

☐☐ 着急 zháo jí 혱 초조해하다, 조급해하다

☐☐ 适合 shìhé 통 적합하다, 부합하다

☐☐ 待遇 dàiyù 몡 대우[부서나 기업 등의 근로 조건]

☐☐ 简直 jiǎnzhí 뵈 그야말로, 완전히, 정말로

☐☐ 难道 nándào 뵈 설마 ~하겠는가?

1 工资高的公司又看不上我。

월급이 많은 회사는 또 나를 마음에 들어 하지 않습니다.

「동사+不上」 형식은 가능보어의 부정형으로, '~하지 못하다'라는 뜻입니다. 동사 看에 결과보어 上을 붙여 쓰면 관찰을 통해서 일정한 목적이나 기준에 이르렀음을 나타내는데, 看不上은 관찰의 결과가 기준에 미치지 못해서 '마음에 들지 않다'라는 의미를 나타냅니다.

他比较挑剔，这种房子他看不上。
그는 비교적 까다로워서, 이런 집은 그가 마음에 들어 하지 않아요.

你每次都这样，所以总让人看不上。
당신이 매번 이러니까, 항상 사람들이 마음에 안 들어 하는 거예요.

해석하기 这么便宜的东西，她肯定看不上。

➡ _____

중작하기 그의 안목(眼光)은 높아서, 분명히 이런 힘든 일(累活儿)은 마음에 안 들어 할 겁니다.

➡ _____

2 幸好父母一直鼓励我，让我别着急。

다행히 부모님께서 계속 격려해 주시며, 나에게 조급해하지 말라고 하십니다.

幸好는 '다행히', '운 좋게'라는 뜻으로, 유리한 조건이나 기회 덕분에 좋지 않은 결과나 불행을 피했음을 나타냅니다. 주어의 앞뒤에 모두 위치할 수 있지만, 일반적으로 주어의 앞에 놓입니다.

幸好我跑得快，火车还没开。 다행히 내가 빨리 달려서, 기차는 아직 출발하지 않았어요.

幸好妈妈在家，要不我就进不去了。
다행히 엄마가 집에 계셨어요. 안 그랬으면 나는 들어갈 수 없었을 거예요.

TIP 幸好 대신 幸亏(xìngkuī)로 바꾸어 쓸 수 있고, 뒷절에는 종종 才, 不然, 要不 등을 함께 씁니다.

해석하기 　幸好带了雨伞，不然我就没办法回家了。

➡ _____

중작하기 　다행히 당신이 나에게 알려 줬습니다. 그렇지 않았으면 나는 아직도 내일 수업이 있는 것을 몰랐을 겁니다.

➡ _____

3　难道我真的找不到这样的工作吗?

설마 내가 정말 이런 직장을 못 구할까요?

难道는 의문문에 쓰여 반문의 어기를 강조합니다. 흔히 문장 맨 뒤에 吗나 不成과 함께 쓰여 '~일 리는 없겠지', '설마 ~하겠는가'라고 해석되며, 不会, 不可能, 不应该 등의 의미를 내포하고 있습니다.

你难道忘了我的生日吗?　당신 설마 내 생일을 잊은 거예요?

你难道还不明白我的意思吗?　당신 설마 아직도 내 뜻을 모르겠어요?

해석하기 　你太多心了，难道我说的话都不相信吗?

➡ _____

중작하기 　당신 설마 나를 모른다는 말이에요? 우리는 한 번 만난 적이 있는데요.

➡ _____

단어 挑剔 tiāoti 통 (결점 등을) 들추다, 트집 잡다, 까다롭다 ｜ 总 zǒng 분 항상, 늘 ｜ 眼光 yǎnguāng 명 안목, 식견 ｜ 累活儿 lèihuór 힘든 일 ｜ 明白 míngbai 통 이해하다, 알다 ｜ 意思 yìsi 명 뜻, 의미 ｜ 多心 duō xīn 통 의심하다 ｜ 相信 xiāngxìn 통 믿다, 신임하다

1 그림을 보고 다음 직업을 묘사해 보세요.

❶

_____

❷

_____

참고 知识 zhīshi 몡 지식

2 다음 단문을 읽고 질문에 답하세요.

> 　　很多大学生想当公务员。因为他们觉得公务员工作稳定、压力不太大，待遇也不错。除了公务员以外，老师、医生也很受他们的欢迎。不管是什么工作，找一个适合自己、自己喜欢的才是最重要的。
>
> 단어 稳定 wěndìng 혱 안정적이다

❶ 下面哪个工作不是很多大学生想做的?

　A 老师　　　　B 医生　　　　C 导游　　　　D 公务员

❷ 找工作的时候，什么最重要?

　A 待遇好　　　B 压力小　　　C 工作稳定　　D 喜欢又适合

3 녹음을 듣고 질문에 알맞은 답을 고르세요.

Track13-08

① A 在电视上看到的　　　　B 在网上看到的

　　C 教授介绍的　　　　　　D 听朋友说的

② A 发简历　　　　　　　　B 发短信

　　C 自我介绍　　　　　　　D 去面试

4 제시된 단어를 배열하여 문장을 만드세요.

① 真 / 你 / 好的 / 找到 / 工作 / 这么 / 羡慕

➡ _____

② 一起 / 顿 / 吃 / 饭 / 吧 ｜ 这个 / 告诉 / 秘诀 / 顺便 / 你

➡ _____, _____

③ 难道 / 真的 / 我 / 这样的 / 找不到 / 工作 / 吗

➡ _____

④ 激烈 / 非常 / 竞争 ｜ 优势 / 我 / 都 / 没有 / 一点儿

➡ _____, _____

단어 招 zhāo 통 모집하다, 뽑다

◆ 직장 생활에 대해 말할 때

평생 직업

铁饭碗
tiěfànwǎn

실업자

无业游民
wúyè yóumín

허풍 떨지 마.

别吹牛了。
Bié chuī niú le.

좋은 생각이야(굿 아이디어)!

好主意!
Hǎo zhǔyi!

회사에서 잘렸어.

被炒鱿鱼了。
Bèi chǎo yóuyú le.

그는 파산했어.

他破产了。
Tā pò chǎn le.

나는 창업할 거야.

我要创业。
Wǒ yào chuàngyè.

나는 투잡 뛰어.

我做两份工作。
Wǒ zuò liǎng fèn gōngzuò.

단어 吹牛 chuī niú 图 허풍을 떨다, 뻥치다 | 主意 zhǔyi 명 의견, 아이디어, 생각 |
炒鱿鱼 chǎo yóuyú 해고하다 | 破产 pò chǎn 图 파산하다 | 创业 chuàngyè 图 창업하다

最近你怎么这么忙?

最近我做两份工作。

START!

14과

我们收拾行李吧。

우리 짐을 정리해요.

트레이닝 듣기

Track14과

학습 포인트

▶ **표현** 여행 관련 표현 익히기
'~만 못하다' 비교 표현 익히기

▶ **어법** 靠 | 不如 | 难得

小英　我们收拾❶行李吧。
Wǒmen shōushi xíngli ba.

东民　好，要带的衣服都放到
Hǎo, yào dài de yīfu dōu fàngdào

大旅行箱里。
dà lǚxíngxiāng li.

小英　要不要带上相机?
Yào bu yào dàishang xiàngjī?

东民　当然要带上。
Dāngrán yào dàishang.

相机不要放到箱子里，随身带着吧。
Xiàngjī búyào fàngdào xiāngzi li, suíshēn dàizhe ba.

小英　护照、机票、钱包都放手提包里。我来保管。
Hùzhào、jīpiào、qiánbāo dōu fàng shǒutíbāo li.　　Wǒ lái bǎoguǎn.

东民　你上次丢了一次手提包，忘了? 还是我来拿吧。
Nǐ shàngcì diūle yí cì shǒutíbāo, wàng le?　　Háishi wǒ lái ná ba.

小英　好吧，手提包放你那里比较安全。
Hǎo ba, shǒutíbāo fàng nǐ nàli bǐjiào ānquán.

我总是丢三落四的。
Wǒ zǒngshì diūsān làsì de.

东民　好，都准备得差不多了。
Hǎo, dōu zhǔnbèi de chàbuduō le.

□□ 旅行箱 lǚxíngxiāng 　　명 여행용 가방, 트렁크

□□ 相机 xiàngjī 　　명 사진기

□□ 箱子 xiāngzi 　　명 상자, 트렁크

□□ 随身 suíshēn 　　형 몸에 지니다, 휴대하다

□□ 机票 jīpiào 　　명 비행기표

□□ 手提包 shǒutíbāo 　　명 핸드백, 손가방

□□ 保管 bǎoguǎn 　　동 보관하다

□□ 安全 ānquán 　　형 안전하다

□□ 总是 zǒngshì 　　부 늘, 항상, 언제나

□□ 丢三落四 diūsān làsì 　　성 (건망증이 심하여) 잘 잊어버리다, 잘 빠뜨리다

□□ 差不多 chàbuduō 　　형 비슷하다, 대부분이다 　부 거의, 대체로

플러스 TIP

❶ 여기서 收拾는 사물을 목적어로 가져 '치우다', '정리하다'라는 뜻으로 쓰였어요. 收拾가 사람을 목적어로 가지면 '혼내다', '가만두지 않다'라는 뜻을 나타내요.

📖 확인 학습　　다음 질문에 알맞은 답을 고르세요.

1 护照放在哪儿?

❶ 钱包　　　❷ 手提包　　　❸ 旅行箱　　　❹ 书包

2 东民为什么说他来拿手提包?

❶ 不放心小英　　　　❷ 手提包太大

❸ 手提包太重　　　　❹ 小英不想拿

STEP 1 녹음을 듣고 알맞은 그림을 고르세요.

A

B

C

D

E

❶ ❷ ❸ ❹ ❺

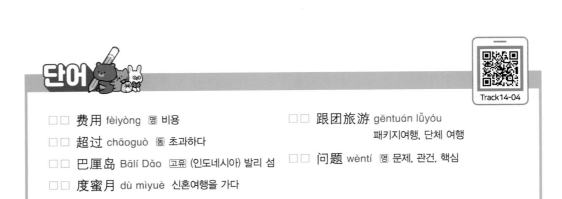

Track14-04

□□ 费用 fèiyòng 명 비용

□□ 超过 chāoguò 통 초과하다

□□ 巴厘岛 Bālí Dǎo 고유 (인도네시아) 발리 섬

□□ 度蜜月 dù mìyuè 신혼여행을 가다

□□ 跟团旅游 gēntuán lǚyóu
　　패키지여행, 단체 여행

□□ 问题 wèntí 명 문제, 관건, 핵심

녹음을 다시 한 번 들으며 빈칸을 채운 후, 말해 보세요.

❶ A 这次旅游我们_____?

　　 B 旅游费用不会超过一万元。

❷ A 这次我们打算去巴厘岛_____。

　　 B 是吗? 一定很好玩儿。

❸ A 跟团旅游_____。

　　 B 可是跟团旅游比较便宜。

❹ A _____, 有点儿紧张。

　　 B 别担心, 有什么问题就跟我说。

❺ A 护照和机票都_____?

　　 B 是的, 放心吧。

스피킹 TIP

跟团旅游는 '패키지여행'이라는 뜻인데 跟团游
(gēntuányóu)라고도 해요. '자유 여행'은 自助旅
游(zìzhù lǚyóu) 또는 自助游(zìzhùyóu)라고 해요.

STEP 3 제시된 단어를 이용하여 다음 질문에 중국어로 대답해 보세요.

紧张　　跟团旅游　　出国

Q 请说说你第一次出国旅游的经历。

A _____

跟团游还是自助游?
Gēntuányóu háishi zìzhùyóu?

我和几个好朋友打算一起去旅游。他们因为太忙,所以都
Wǒ hé jǐ ge hǎo péngyou dǎsuan yìqǐ qù lǚyóu.　　Tāmen yīnwèi tài máng, suǒyǐ dōu

让我准备。朋友说这次就全靠❶我了。我向旅行社打听了一下,
ràng wǒ zhǔnbèi. Péngyou shuō zhècì jiù quán kào wǒ le. Wǒ xiàng lǚxíngshè dǎtīngle yíxià,

跟团旅游的话,酒店、车、导游,还有购物,旅行社全都负责安
gēntuán lǚyóu dehuà, jiǔdiàn、chē、dǎoyóu, hái yǒu gòuwù, lǚxíngshè quán dōu fùzé ān

排,所以很方便。问题是没有自由活动,一切都得听从安排。然
pái, suǒyǐ hěn fāngbiàn.　　Wèntí shì méiyǒu zìyóu huódòng, yíqiè dōu děi tīngcóng ānpái.　　Rán

后我又算了一下,如果是自助游,费用有点儿贵。应该选择哪一
hòu wǒ yòu suànle yíxià, rúguǒ shì zìzhùyóu, fèiyòng yǒudiǎnr guì.　　Yīnggāi xuǎnzé nǎ yì

种好呢?我又想了想,虽然自助游不如❷跟团游便宜,可是难得❸
zhǒng hǎo ne? Wǒ yòu xiǎngle xiǎng, suīrán zìzhùyóu bùrú gēntuányóu piányi, kěshì nándé

出去一趟,要玩儿得开心、自在才对。那选择自助游吧!
chūqu yí tàng, yào wánr de kāixīn、zìzài cái duì.　　Nà xuǎnzé zìzhùyóu ba!

1 본문의 내용에 근거하여 다음 질문에 중국어로 답하세요.

❶ 跟团旅游为什么很方便？　🎙 _____

❷ 跟团旅游有什么不好？　🎙 _____

❸ 最后他为什么选择了自助游？　🎙 _____

2 녹음을 듣고 본문과 일치하면 ○, 일치하지 않으면 ×를 표시한 후,
녹음 내용을 빈칸에 쓰세요.

Track14-06

❶ ☐ 跟团旅游很便宜，_____。

❷ ☐ 自助游_____。

❸ ☐ 朋友说这次_____。

단어

Track14-07

☐☐ 跟团游 gēntuányóu 패키지여행, 단체 여행

☐☐ 自助游 zìzhùyóu 자유 여행

☐☐ 全 quán 🔹 전부, 모두 🔹 온, 전, 전체의

☐☐ 靠 kào 🔹 의지하다, 기대다

☐☐ 旅行社 lǚxíngshè 🔹 여행사

☐☐ 酒店 jiǔdiàn 🔹 호텔

☐☐ 导游 dǎoyóu 🔹 관광 가이드

☐☐ 购物 gòuwù 물건을 사다, 쇼핑하다

☐☐ 负责 fùzé 🔹 책임지다

☐☐ 安排 ānpái 🔹 안배하다, 배치하다

☐☐ 自由活动 zìyóu huódòng 자유 활동

☐☐ 一切 yíqiè 🔹 일체, 전부

☐☐ 听从 tīngcóng 🔹 따르다, 듣다

☐☐ 难得 nándé 🔹 드물다, 얻기 어렵다

☐☐ 自在 zìzài 🔹 자유롭다

1 朋友说这次就全靠我了。

친구가 이번에 전적으로 나만 믿는다고 말했습니다.

靠는 원래 '의지하다', '기대다'라는 뜻으로, 누군가의 능력, 영향, 환경 등을 의지하는 것을 나타내지만, '믿다', '~에 달려 있다'라는 의미로도 쓰입니다.

我们不能总是靠父母。 우리는 항상 부모님께만 기댈 수는 없어요.

这件事我全靠你了。 이 일은 당신만 믿을게요.

해석하기　我只能靠自己了。

　➡ _____

중작하기　성공(成功)은 완전히 자신의 노력(努力)에 달려 있습니다.

　➡ _____

2 自助游不如跟团游便宜。

자유 여행은 패키지여행만큼 싸지 않습니다.

「A+不如+B」는 'A는 B만 못하다'라는 뜻으로, 두 사물의 성질이나 특징을 비교해서 B가 더 나음을 나타냅니다. 비교 내용을 구체적으로 표현할 때는 「A+不如+B+술어」 형식으로 쓰여 'A는 B만큼 ~지 않다'라는 의미를 나타냅니다. 不如 뒤에 형용사가 올 때는 주로 긍정적인 의미의 형용사를 씁니다.

她太麻烦，带她去不如我一个人去。
그녀는 너무 귀찮아서, 그녀를 데려가는 것은 나 혼자 가는 것만 못해요.

我的汉语水平不如你好。 내 중국어 수준은 당신만큼 좋지 않아요.

TIP 두 사물의 성질이나 특징을 비교해서 'A는 B보다 ~하다'라고 할 때는 「A+比+B+술어」 형식으로 쓰고, 'A와 B는 같다'라고 할 때는 「A+跟+B+一样」 형식으로 씁니다.

香港还不如西安好玩儿。

➡ _____

그와 같이 영화를 보는 것은 집에서 텔레비전을 보는 것만 못합니다.

➡ _____

3 难得出去一趟，要玩儿得开心、自在才对。

모처럼 한 번 나갔다 오는 건데, 즐겁고 자유롭게 노는 게 맞습니다.

难得는 '모처럼', '드물다'라는 뜻으로, 일상적으로 자주 발생하지 않는다는 의미를 나타냅니다. 이외에 '얻기 어렵다', '구하기 힘들다'라는 의미도 있습니다.

难得出来看电影，怎么又吵架？ 모처럼 영화를 보러 나와서 왜 또 싸우세요?

难得看你学习这么认真，是不是明天考试？

모처럼 당신이 이렇게 열심히 공부하는 것을 보네요. 내일 시험을 보나요?

难得来一次，多住几天。

➡ _____

모처럼 외국에 가서(出国) 여행 한 번 하는데, 우리 이번에 즐겁게(好好儿) 놉시다.

➡ _____

1 그림을 보고 다음 대화를 완성하세요.

❶

男 新婚旅行你打算去哪儿？

女 _____

❷

男 哎呀，我的护照和机票呢？

女 _____

참고 美丽 měilì 형 아름답다 | 海边 hǎibiān 명 해변, 바닷가 | 岛 dǎo 명 섬

2 다음 보기 중에서 빈칸에 들어갈 알맞은 단어를 고르세요.

보기

　　　A 安排　　B 难得　　C 随身　　D 超过　　E 自在

❶ 出国旅游，护照要_____带着。

❷ 不要花太多钱，最好不要_____五千块。

❸ 明天的活动，我来_____吧。

❹ _____见一面，咱们得好好儿聊一聊。

3 녹음을 듣고 질문에 알맞은 답을 고르세요.

Track14-08

① A 坐出租车　　　B 坐机场大巴　　C 坐地铁　　　　D 坐飞机

② A 很有钱　　　　　　　　　B 喜欢运动

　　C 认为应该少花钱　　　　　D 不想出来旅游

4 제시된 단어를 배열하여 문장을 만드세요.

① 差不多 / 准备 / 得 / 了　|　出发 / 吧 / 咱们

➡ ＿＿＿＿＿＿＿＿＿＿＿＿＿，＿＿＿＿＿＿＿＿＿＿＿＿＿

② 都 / 听从 / 一切 / 安排 / 得　|　自助游 / 还 / 这样 / 不如

➡ ＿＿＿＿＿＿＿＿＿＿＿＿＿，＿＿＿＿＿＿＿＿＿＿＿＿＿

③ 难得 / 一 / 出去 / 趟　|　要 / 才 / 开心 / 对 / 玩儿 / 得

➡ ＿＿＿＿＿＿＿＿＿＿＿＿＿，＿＿＿＿＿＿＿＿＿＿＿＿＿

④ 相机 / 放 / 不要 / 箱子 / 里 / 到　|　着 / 随身 / 吧 / 带

➡ ＿＿＿＿＿＿＿＿＿＿＿＿＿，＿＿＿＿＿＿＿＿＿＿＿＿＿

단어　机场大巴 jīchǎng dàbā 몡 공항 버스

14과　我们收拾行李吧。　**193**

중국의 4대 고도(中国四大古都)

고도(古都 gǔdū)란 역사상 국가의 중심지였던 도읍으로, 역사가 깊은 곳을 말해요. 중국의 여러 고도 중에서도 중국 4대 고도는 바로 시안, 뤄양, 난징, 베이징이에요.

시안(西安): 산시성(陕西省)의 성도로, 중국에서 역사상 가장 오래된 고도이자, 이탈리아의 로마, 그리스의 아테네, 이집트의 카이로와 함께 '세계 4대 고도'라고 불려요. 13개 왕조의 도읍으로 정해졌던 곳이어서 유구한 역사만큼 문화 유적지와 볼거리가 많아요. 주요 관광지로는 병마용(兵马俑 Bīngmǎyǒng), 시안종루(西安钟楼 Xī'ān Zhōnglóu), 화청지(华清池 Huáqīngchí), 시안성벽(西安城墙 Xī'ān Chéngqiáng) 등이 있어요.

뤄양(洛阳): 허난성(河南省)의 북쪽에 위치한 도시로, 9개 왕조의 도읍으로 정해져서 '구조고도(九朝古都 jiǔ cháo gǔdū)'라고 하지만, 실제로는 소수 왕조를 포함하면 13개 왕조가 도읍으로 정했던 곳이에요. 주요 관광지로는 용문석굴(龙门石窟 Lóngmén Shíkū), 백마사(白马寺 Báimǎ Sì), 봄철 모란꽃(牡丹 mǔdān) 구경 등이 있는데, 특히 모란꽃이 유명해서 '천년제도, 모란꽃 도시(千年帝都, 牡丹花城 qiānnián dìdū, mǔdānhuā chéng)'라고도 불려요.

난징(南京): 장쑤성(江苏省)의 성도로, 양자강을 끼고 수산업과 농업이 발달하여 생활이 윤택한 지역이에요. 위진남북조 시기에 6개 왕조의 도읍으로 정해져서 '육조고도(六朝古都 liù cháo gǔdū)'라고 해요. 주요 관광지로는 부자묘(夫子庙 Fūzǐ Miào), 중산릉(中山陵 Zhōngshān Líng), 남경 대학살 기념관(南京大屠杀纪念馆 Nánjīng Dàtúshā Jìniànguǎn), 장강대교(长江大桥 Cháng Jiāng Dàqiáo) 등이 있어요.

베이징(北京): 현재 중국의 수도로, 역대 6개 왕조의 도읍으로 정해졌던 곳이에요. 중국 정치, 문화, 국제 교류의 중심지이고, 만리장성, 자금성, 이화원, 명13릉 등 문화 유적지가 매우 많아요. 지리적으로는 태풍, 홍수, 지진의 피해가 없는 안정적인 곳이라는 장점도 있답니다. 춘추전국시대 연(燕)나라의 수도에서 유래된 '연경(燕京 Yānjīng)'이라는 말은 지금도 맥주 이름으로 사용되고 있어요.

西安兵马俑

洛阳龙门石窟

南京夫子庙

1 녹음을 듣고 제시된 문장과 내용이 일치하는지 ○×로 표시하세요. 🎧

❶ 他的同桌没来参加聚会。 ☐

❷ 他们打算去电影院看电影。 ☐

❸ 他最近忙得要命。 ☐

❹ 小王经常帮助别人，而且不嫌麻烦。 ☐

2 대화를 듣고 질문에 알맞은 답을 고르세요. 🎧

❶ A 担心男的   B 不相信男的
   C 不理解男的   D 让男的别担心

❷ A 很努力   B 会武术
   C 白准备了   D 考试不及格

❸ A 害怕   B 紧张
   C 埋怨   D 不好意思

❹ A 头晕   B 发烧
   C 嗓子不舒服   D 一直流鼻涕

3 단문을 듣고 질문에 알맞은 답을 고르세요. 🎧

① A 水 　　　B 盐 　　　C 牛奶 　　　D 辣椒酱

② A 不用放油 　　　　　B 口感很好
　 C 要炒五分钟 　　　　D 做起来很简单

③ A 既快又便宜 　　　　B 既方便又便宜
　 C 既便宜又好看 　　　D 既好吃又方便

④ A 喜欢买东西 　　　　B 是个月光族
　 C 没时间去商店 　　　D 家离商店很远

4 병음을 보고 빈칸에 들어갈 알맞은 한자를 쓰세요.

① 高峰时间，地铁里一个空(　zuò　)位都没有。

② 最近早晚凉，白天热，温(　chā　)很大。

③ 他戴着一(　fù　)眼镜，看起来斯斯文文的。

5 다음 상황에 어울리는 사자성어를 고르세요.

我第一次见到她的时候就喜欢她了。

A 大手大脚 　　　B 丢三落四 　　　C 一见钟情 　　　D 祸不单行

6 다음 밑줄 친 부분과 바꾸어 쓸 수 있는 것을 고르세요.

❶ 我好不容易弄到了复习资料。

　A 好容易　　　B 不容易　　　　C 好不了　　　　D 受不了

❷ 他开车开得太快了，差点儿出事儿。

　A 没差点儿　　B 差点儿没　　　C 不差点儿　　　D 差点儿不

❸ 幸好咱们出来得早，不然就迟到了。

　A 原来　　　　B 要不　　　　　C 只有　　　　　D 幸亏

7 다음 빈칸에 들어갈 알맞은 단어를 고르세요.

> 보기
>
> 　A 不上　　　B 下来　　　C 不过来　　　D 不出来　　　E 不下

❶ 几年没见，她越长越漂亮了，我都认＿＿＿＿＿＿＿＿了。

❷ 听到那个消息后，我的眼泪就掉＿＿＿＿＿＿＿＿了。

❸ 我下午吃得太多了，现在一点儿也吃＿＿＿＿＿＿＿＿。

❹ 我一点儿优势都没有，大公司肯定看＿＿＿＿＿＿＿＿我。

❺ 我已经习惯晚睡晚起了，改＿＿＿＿＿＿＿＿了。

8 다음 중 **틀린** 문장을 고르세요.

① A 明天说不定会下雨。　　B 他是为了见你才来的。
　 C 我困得受得了，先睡了。　D 没时间了，不能再等了。

② A 大夫让我把牙拔掉。　　B 这次比赛就靠你了。
　 C 他怎么说走就走了？　　D 他不至于找到工作吧。

③ A 他们俩动不动就吵架。　B 难道我没有机会了吗？
　 C 爬山那天偏偏下雨了。　D 他很帅，我以为他帅呢。

9 서로 대화가 어울리는 것끼리 연결하세요.

① 你好像胖了？　　　　·　　　· A 楼上开生日派对，吵得我睡不着。

② 怎么跑那么快？　　　·　　　· B 难得出去玩儿，咱们自助游吧。

③ 这次也是跟团游？　·　　　　· C 再不快点儿就来不及了。

④ 你昨晚没休息好？　·　　　　· D 对，最近懒得运动。

10 다음 문장이 빈칸에 들어갈 알맞은 위치를 고르세요.

> 一看起来会看好几个小时

最近短视频越来越受欢迎了。(A)很多短视频非常有意思，让人
(B)看了以后没有压力，(C)感觉很轻松。但有些人(D)，这样就
浪费时间了。

11 내용이 자연스럽게 연결되도록 문장을 배열하세요.

❶ A 然后认认真真地去做
B 只有做好准备
C 才可能会成功

❷ A 顺便帮我寄一个快递
B 可以吗？我真的抽不出时间去
C 你要是去邮局的话

12 다음 단문을 읽고 질문에 답하세요.

> 　　不管是谁，都会有郁闷的时候。心情不好的时候，你会怎么改善心情呢？很多人会选择运动。运动完以后，洗个澡，身体会感觉很放松，心情也变好了。听音乐也是一个不错的选择，有的人适合慢音乐，有的人适合快音乐。有些人郁闷的时候会吃很多零食，不过医生说，这样不但不会让你的心情变好，而且对你的身体也不好。

❶ 단문 내용과 같은 것을 고르세요.

A 小孩儿一般不会郁闷　　　　　B 运动可以改善人的心情

C 不应该吃太多咸的零食　　　　D 慢音乐对改善心情没有帮助

❷ 단문에 알맞은 제목을 고르세요.

A 运动减肥　　　　　B 你也郁闷吗？

C 音乐和运动　　　　D 如何改善心情？

13 제시된 단어를 배열하여 문장을 만드세요.

❶ 难道你 / 没听说 / 新闻 / 也 / 连这个

➡ _____

❷ 完全 / 的 / 不一样 / 性格 / 他们俩

➡ _____

14 그림을 보고 제시된 단어를 사용하여 문장을 만드세요.

❶

修

➡ _____

❷

难过

➡ _____

15 제시된 단어를 사용하여 한 사람의 외모를 묘사해 보세요.(단어 순서와 상관없음)

脸　　眼睛　　头发

_____

_____

▶ 정답 → 228쪽

정답 및 해석

 好久不见!
오랜만이네요!

맛있는 회화 →28쪽

동민 　오랜만이야!

아메이　오랜만이야! 어떻게 지냈어?

동민 　난 여전히 똑같아.

　　　너는 요즘에 뭐 하느라 바빴어?

　　　연락이 왜 안 되는 거야?

아메이　나 번호 바꿨어.

동민 　그렇구나. 나한테 전화번호를 남겨 줘.

아메이　좋아. 시간 있으면 우리 밥 한 끼 먹자.

동민 　이번 주는 내가 좀 바빠.

　　　이렇게 하자. 다음 주에 내가 너한테 전화할게.

아메이　좋아. 그럼 전화 기다릴게. 다시 연락하자.

확인 학습 →29쪽

1 ②　　2 ③

맛있는 듣고 말하기 →30~31쪽

STEP1 ❶E ❷B ❸C ❹A ❺D

STEP2

❶ A 我有急事，得走了。改天见!
　 B 好的，改天见!
❷ A 好久不见。你一点儿都没变。
　 B 没有，我胖了很多。
❸ A 到了美国以后，你就给我打电话
　　吧。一路平安。
　 B 我知道了。
❹ A 听你的口音，你好像是北京人。
　 B 对，我是北京人。
❺ A 你是从哪儿来的?
　 B 我是从上海来的。

❶ A 나는 급한 일이 있어서 가야 해. 다음에 봐.
　 B 그래, 다음에 봐.
❷ A 오랜만이야. 너는 조금도 안 변했구나.
　 B 아니야, 나 살 많이 쪘어.
❸ A 미국에 도착하면 나한테 전화해. 잘 다녀와.
　 B 알았어.
❹ A 당신의 억양을 들으니 당신은 베이징 사람
　　인 것 같네요.
　 B 맞아요, 저는 베이징 사람이에요.
❺ A 당신은 어디에서 왔어요?
　 B 저는 상하이에서 왔어요.

STEP3 [참고 답안]

好久不见! 你一点儿都没变，还是老样子!

맛있는 이야기 해석 →32쪽

동창회

　지난달에 나는 초등학교 동창회에 참석해서 많은 옛 학교 친구들을 만났습니다.

　이번에 나는 초등학교를 졸업한 후 처음 참석했습니다. 뜻밖에 내 짝꿍도 왔습니다. 이렇게 몇 년 동안 연락을 못 했는데 그녀는 많이 변했습니다. 그녀는 외모가 예뻐졌을 뿐만 아니라, 게다가 성격도 활발해졌습니다. 만약 그녀가 자기소개를 하지 않았다면, 나는 알아볼 수 없었습니다.

　밥을 먹을 때, 우리는 지금의 생활을 이야기하면서 과거의 일을 회상했습니다. 우리는 마치 예전으로 돌아간 것 같았습니다. 만약 10살이 젊어질 수 있다면 얼마나 좋을까요!

맛있는 이야기 정답 →33쪽

1 ❶ 他上个月见了很多老同学。
　❷ 他没想到他的同桌也来了。
　❸ 他的同桌不光长得漂亮了，而且性
　　格也活泼了。

2 ❶ × 毕业以后我参加了两次同学会。
　❷ × 我的同桌一点儿都没变。
　❸ ○ 吃饭的时候，大家一起回忆过去
　　的事儿。

맛있는 어법 → 34~35쪽

1 해석 나는 그녀가 오리라고는 꿈에도 생각지 못했습니다.

중작 谁也没想到韩国队能进入四强。

2 해석 그 배우는 한국에서 유명할 뿐만 아니라, 중국에서도 유명합니다.

중작 他不光会说汉语，而且说得很流利。

3 해석 이것은 분명히 동민이의 목소리입니다. 나는 들으면 알 수 있습니다.

중작 她跟十年前一点儿都不一样，我都认不出来了。

연습 문제 → 36~37쪽

1 참고 답안
❶ 哪儿啊，我胖了很多。
❷ 对不起，我有急事。

2 ❶ E   ❷ B   ❸ C   ❹ D

3 ❶ C   ❷ C

녹음 원문 🎧

男 你好，我叫小丁。
女 你好，我叫小美。
男 你是娜娜的朋友吧?
女 是啊。我们以前见过?
男 上次娜娜过生日，我也去了。
女 是吗? 那天来的人很多。
질문 ① 女的和娜娜是什么关系?
     ② 男的和女的在哪儿见过面?

남 안녕, 나는 샤오딩이야.
여 안녕, 나는 샤오메이야.
남 너는 나나의 친구지?
여 맞아. 우리 예전에 만난 적이 있니?
남 지난번 나나의 생일 때, 나도 갔었어.
여 그래? 그날 온 사람이 많았어.
질문 ① 여자와 나나는 무슨 관계인가요?
     ② 남자와 여자는 어디에서 만난 적이 있나요?

---

4 ❶ 什么事那么忙? 你怎么一直不回短信?

❷ 这次是我初中毕业以后第一次参加同学会。

❸ 我们十年没见，她变了很多。

❹ 没想到这次英语考试这么容易。

你平时几点起床?
당신은 평소 몇 시에 일어나요?

맛있는 회화 →40쪽

샤오잉   너는 평소 몇 시에 일어나니?

동민   보통 10시에 일어나.

샤오잉   너 그렇게 늦게 일어나는구나!
       너는 밤에 뭐 하니?

동민   게임 해. 나는 자주 새벽 두세 시까지 놀거든.

샤오잉   이러면 네 건강에 안 좋아.
       일찍 자고 일찍 일어나야지.

동민   이러면 나쁘다는 것을 누가 몰라?
       그런데 나는 이미 습관이 돼서 고치기 쉽지 않아.

샤오잉   고치기 쉽지 않아도 고쳐야지.
       너 나중에 출근하게 되면 어떻게 하려고?

동민   만약 출근하게 되면, 나는 고칠 수 있어.
       너는 걱정할 필요 없어.

확인 학습 →41쪽

1 ①   2 ③

맛있는 듣고 말하기 →42~43쪽

STEP1 ❶ B ❷ A ❸ E ❹ D ❺ C

STEP2

> ❶ 他每天六点准时起床，周末也一样。
> ❷ 他的早饭很简单，一杯咖啡、一个面包，再加半个苹果，就够了。
> ❸ 九点到公司以后，他一定喝一杯咖啡。
> ❹ 晚上六点下班以后，他去健身房锻炼身体。
> ❺ 他每天晚上看电视，十一二点才睡觉。

> ❶ 그는 매일 6시 정각에 일어나요. 주말에도 마찬가지예요.
> ❷ 그의 아침은 간단한데, 커피 한 잔, 빵 하나, 거기에 사과 반 개를 더하면 충분해요.
> ❸ 9시에 회사에 도착한 뒤, 그는 꼭 커피 한 잔을 마셔요.
> ❹ 저녁 6시에 퇴근한 뒤, 그는 헬스장에 가서 신체를 단련해요.
> ❺ 그는 매일 저녁에 텔레비전을 보고, 열한두시에야 비로소 잠을 자요.

STEP3 (참고 답안)

我每天七点准时起床，简单地吃完早饭就去上班。晚上六点下班后，我经常去健身房锻炼身体。

맛있는 이야기 해석 →44쪽

나의 하루

나는 아메이라고 합니다. 평소에 6시면 바로 일어납니다. 일요일을 제외하고, 나는 모두 일찍 일어납니다. 매일 저녁 8시에 집에서 밥을 먹고, 12시가 되면 바로 잠을 잡니다. 일요일마다 나는 보통 늦잠을 잡니다. 왜냐하면 수업을 들을 필요가 없어서 비교적 마음이 편하기 때문입니다.

나는 동민이라고 합니다. 나는 게임하는 것을 좋아합니다. 놀기 시작하면 새벽 두세 시까지 놀 수 있습니다. 그래서 매일 일어나는 시간이 늦습니다.

나는 샤오린이라고 합니다. 내 입버릇은 '힘들어'입니다. 왜냐하면 나는 해야 할 일이 많기 때문입니다. 영어 학원 가기, 보고서 쓰기, 출장 가기. 어휴, 나는 매일 엄청나게 바쁩니다. 언제쯤 좀 한가해질 수 있을까요?

맛있는 이야기 정답 →45쪽

1 ❶ 因为星期天她不用上课，比较轻松。
    ❷ 因为他喜欢玩儿游戏，一玩儿起来能玩儿到凌晨两三点。
    ❸ 他的口头禅是"很累"。

2
- **❶** × 阿美每天晚上都在外边吃饭。
- **❷** × 东民经常很晚睡觉，因为他要学习汉语。
- **❸** ○ 小林经常说"很累"这句话。

맛있는 어법 ➔ 46~47쪽

1 해석 이거 외에 또 뭐가 있나요?

　 중작 除了中国以外，我还去过日本。

2 해석 이야기하기 시작하면 몇 시간 동안 이야기할 수 있습니다.

　 중작 他一看见我，脸就红起来了。

3 해석 날씨가 너무 더워서 나는 더위를 먹은 것 같습니다.

　 중작 今天忙得要命，所以没时间给你打电话。

연습 문제 ➔ 48~49쪽

1 참고 답안
- **❶** 他平时下班以后一般去健身房锻炼身体。
- **❷** 他早睡早起，每天六点就起床。

2 **❶** C **❷** D **❸** A **❹** B

3 **❶** A **❷** C

녹음 원문 🎧
> 男　早饭吃了吗？
> 女　就喝了一杯咖啡。我不吃早饭。早上没时间吃。
> 男　你不饿吗？
> 女　不饿，中午我一般吃得多。
> 男　下班以后回家吃饭吗？
> 女　下班早就回家吃，如果加班就在公司吃。
> 질문 ① 女的不吃早饭的原因是什么？
> 　　 ② 关于女的，哪一个是对的？

남　아침 먹었니?
여　커피만 한 잔 마셨어. 나는 아침을 안 먹어. 아침에 먹을 시간이 없어.
남　너는 배 안 고파?
여　안 고파. 점심에 나는 보통 많이 먹어.
남　퇴근하고 집에 가서 밥을 먹니?
여　퇴근이 빠르면 집에 가서 먹고, 만약 야근하면 회사에서 먹어.
질문 ① 여자가 아침을 안 먹는 이유는 무엇인가요?
　　 ② 여자에 관해 어느 것이 맞나요?

4
- **❶** 我周末一般都会睡懒觉。 또는
  周末我一般都会睡懒觉。
- **❷** 她喜欢看电视剧，每天看到凌晨一点。
- **❸** 熬夜对身体不好，你应该早睡早起。
- **❹** 我每天有很多人要见。 또는
  每天我有很多人要见。

我看你心情不好。
보아하니 당신은 기분이 좋지 않은 것 같아요.

맛있는 회화 ➜ 52쪽

샤오린 보아하니 너 기분이 좋지 않은 것 같은데, 왜
그래?

샤오잉 나는 남자 친구와 한바탕 싸웠어.
이미 일주일이나 전화를 안 했어.

샤오린 무슨 일인데?

샤오잉 그냥 사소한 일 때문이었어.
그런데 내가 생각해 보니 그와 큰 소리로 싸
우지 말았어야 했어.

샤오린 그래서 네가 이렇게 속상하구나.
네가 먼저 전화해 봐.
그는 아마 네 전화를 기다리고 있을 거야.

샤오잉 만약에 그가 내 전화를 안 받으면 어떡해?

샤오린 그럴 리 없어. 한번 해 봐.
내가 대신 전화해 줄까?

샤오잉 괜찮아. 고마워. 내가 직접 걸게.

확인 학습 ➜ 53쪽

1 ③   2 ②

맛있는 듣고 말하기 ➜ 54~55쪽

STEP1 ❶ E ❷ A ❸ B ❹ C ❺ D

STEP2

> ❶ 真是烦死了，要做的事太多了。
> ❷ 昨天我跟男朋友分手了，很难过。
> ❸ 明天第一天上班，我有点儿紧张。
> ❹ 他怎么能这么说呢? 气死我了。
> ❺ 今天我过生日，身边一个人都没有，
> 很寂寞。

> ❶ 정말 짜증 나 죽겠어요. 해야 할 일이 너무 많
> 아요.
> ❷ 어제 나는 남자 친구와 헤어져서 괴로워요.
> ❸ 내일 첫 출근이라, 나는 조금 긴장돼요.
> ❹ 그는 어떻게 이렇게 말할 수가 있지요? 나는
> 화나 죽겠어요.
> ❺ 오늘 나는 생일을 쇠는데, 곁에 아무도 없어서
> 쓸쓸해요.

STEP3 [참고 답안]

一想到他不在我身边，我就觉得很难过。
我寂寞的时候，谁来陪我呢?

맛있는 이야기 해석 ➜ 56쪽

우울한 기분과 '안녕'하기!

나는 요즘 계속 우울합니다. 기분을 좋아지게 할
방법이 있을까요, 없을까요?

친구와 수다를 떠는 게 어떨까요? 친구들과 웃
으며 떠들다 보면 아마 긴장이 풀릴지도 모릅니다.
그렇지 않으면 초콜릿을 좀 먹어 보는 것은 어떨까
요? 단 음식을 먹으면 기분을 좋아지게 할 수 있습
니다. 그래도 안 된다면요? 오늘은 다이어트 생각
하지 말고, 푸짐하게 한 끼 먹으면 어떨까요? 안 돼
요, 안 돼요. 그럼 내 한 달간의 노력이 헛수고가
됩니다.

이것도 안 되고, 저것도 안 되고. 그럼 최후의 수
단을 써야겠습니다. -- 잠자기!

맛있는 이야기 정답 ➜ 57쪽

1 ❶ 她说了四个改善心情的方法。
   ❷ 因为她要减肥，大吃一顿的话，一
   个月的努力就白费了。
   ❸ 她最后决定睡觉。

2 ❶ ○ 我最近过得很郁闷。
   ❷ ○ 跟朋友聊天，说不定能放松心情。
   ❸ × 吃甜食对身体不好，所以她不吃
   了。

맛있는 어법 ➜ 58~59쪽

1 ^{해석} 그는 이렇게 잘생겼으니, 아마 이미 여자 친구가 있을지도 몰라요.

　^{중작} 我没吃过这个菜，不过说不定很好吃。

2 ^{해석} 사고 싶으면 지금 바로 사세요. 그렇지 않으면 다음에는 기회가 없습니다.

　^{중작} 今天时间太晚了，要不你明天再来找我吧。

3 ^{해석} 그가 안 온다고 했어요? 그럼 내가 괜히 2시간이나 기다렸군요. 화나 죽겠어요!

　^{중작} 这部电影太没意思了，白看了。

연습 문제 ➜ 60~61쪽

1 참고 답안

❶ 她很难过，因为她跟男朋友分手了。

❷ 因为明天要去一家大公司面试，他很担心。

2 ❶ C　　❷ B　　❸ A　　❹ D

3 ❶ D　　❷ C

┌─ 녹음 원문 🎧 ─

女　看你高兴的样子，有什么好事啊？
男　没有啊！
女　你别骗人了，快说吧，什么事？
男　其实……我有女朋友了。
　　我们交往一个星期了。
女　是吗? 恭喜你啊!
질문　① 男的心情怎么样？
　　　② 男的有什么事？

─────────────

여　너 즐거워하는 모습을 보아하니, 무슨 좋은 일이 있구나?
남　없어!
여　사람 속이지 말고, 빨리 말해 봐, 무슨 일이야?
남　사실…… 나 여자 친구가 생겼어.
　　우리 사귄 지 일주일 됐어.
여　그래? 축하해!
질문　① 남자는 기분이 어떤가요?
　　　② 남자는 무슨 일이 있나요?

4 ❶ 三年的努力都白费了。

❷ 要不坐高铁去吧，高铁也很快。

❸ 说不定他等着你的电话呢。 또는
　他说不定等着你的电话呢。

❹ 他怎么能这么说呢，气死我了!

吃得太饱了，吃不下了。
너무 배부르게 먹어서 더 못 먹겠어요.

맛있는 회화 →64쪽

샤오린 내가 주문한 음식 어때?

아메이 매우 맛있어. 역시 네가 음식 주문을 할 줄 알아.

샤오린 나는 여기 단골이니까 당연히 어느 음식이 맛있는지 알지.

아메이 이 고기 정말 연하게 만들었다. 식감이 무척 좋아.

샤오린 그렇지? 그럼 너 많이 좀 먹어.

아메이 많이 먹으면 살찔까 봐 겁나.

샤오린 뭐가 겁나? 한 끼 먹는다고 금세 살찌지 않아.

아메이 나 너한테 농담한 거야. 나는 너무 배부르게 먹어서 더 못 먹겠어.

샤오린 그럼 남은 거는 싸 가지고 가자.

확인 학습 →65쪽

1 ①   2 ②

맛있는 듣고 말하기 →66~67쪽

STEP1 ❶ B   ❷ A   ❸ E   ❹ C   ❺ D

STEP2

> ❶ 太淡了，多放点儿盐。
> ❷ 吃得太饱了，吃不下了。
> ❸ 盐放得太多了，咸死了。
> ❹ 整天吃中国菜，有点儿腻。
> ❺ 我很能吃辣的，多放点儿辣椒酱也可以。
>
> ❶ 너무 싱거우니 소금을 더 넣어 주세요.
> ❷ 너무 배부르게 먹어서 더 먹을 수 없어요.
> ❸ 소금을 너무 많이 넣어서 짜 죽겠어요.
> ❹ 한동안 중국요리를 먹었더니 좀 느끼해요.
> ❺ 나는 매운 것을 잘 먹어서 고추장을 좀 많이 넣어도 괜찮아요.

STEP3 참고 답안

这儿的菜又咸又腻，我不喜欢。我们下次吃淡点儿的菜吧。

맛있는 이야기 해석 →68쪽

계란볶음밥을 만들면 어떨까요?

점심 때 집에 돌아왔는데 배가 고팠습니다. 전기밥솥을 열어 보니 안에 밥이 아직 조금 있었습니다. 그러나 냉장고에는 단지 계란 몇 개만 있었습니다. 어떡하지요? 맞다! 계란볶음밥을 만들면 어떨까요? 말이 나온 김에 바로 만듭니다.

1. 계란을 깨서 그릇에 넣습니다.
2. 프라이팬을 가열하고, 기름을 조금 두릅니다.
3. 계란을 팬에 넣고 잠깐 볶습니다.
4. 소금을 좀 넣고, 계란이 익은 후, 밥을 부어 넣습니다.
5. 3분 정도 볶고 나서 불을 끕니다.
6. 볶음밥을 접시에 담습니다.

이러면 간단하기도 하고 맛있기도 한 계란볶음밥이 완성됩니다!

맛있는 이야기 정답 →69쪽

1 ❶ 冰箱里只有几个鸡蛋。
  ❷ 把鸡蛋打碎以后，放在碗里。
  ❸ 鸡蛋炒熟以后，往锅里倒米饭。

2 ❶ ☒ 我决定做一个炒鸡蛋。
  ❷ ☐ 先炒鸡蛋，然后放米饭。
  ❸ ☒ 炒五分钟以后，鸡蛋炒饭就完成了。

맛있는 어법 →70~71쪽

1 해석 내 지갑에는 단지 50위안 인민폐만 있습니다.
  중작 只有努力才能成功。

2 해석 말이 나온 김에 바로 와서, 그녀는 12시가 되기 전에 우리 집에 도착했습니다.
  중작 说吃就吃，我现在饿死了。

3 해석 당신 이렇게 하는 것은 시간을 낭비하기도
　　하고 돈을 낭비하기도 합니다.

중작 他既是我的老师又是我的朋友。

연습 문제 ➜72~73쪽

1 참고 답안

❶ 她觉得这个菜太淡了，想让服务员加
　点儿盐。

❷ 他觉得这些菜太腻了，想吃韩国菜。

2 ❶ C → A → B　　❷ A → C → B

3 ❶ D　　　　　　　❷ D

┌─ 녹음 원문 🎧 ─────────────

男　服务员，菜怎么还没上来啊？

女　真不好意思，马上就来。

男　我们等了二十多分钟了。能快点
　儿吗？

女　对不起，今天客人太多了。可能
　还要等几分钟。

男　还要等啊？麻烦你帮我们催一下。

질문　① 男的说话的语气怎么样？
　　　② 男的大概等了多长时间了？

남　종업원, 음식이 왜 아직도 안 나와요？

여　정말 죄송합니다, 곧 나올 거예요.

남　우리가 20분 넘게 기다리고 있어요. 빨리 좀
　해 줄 수 있나요？

여　죄송합니다, 오늘 손님이 너무 많아서요. 아
　마 몇 분 더 기다리셔야 할 거예요.

남　더 기다려야 한다고요？ 번거롭겠지만 우리
　대신 재촉 좀 해 주세요.

질문　① 남자는 말하는 어투가 어떠한가요？
　　　② 남자는 대략 얼마나 기다리고 있나요？

└─────────────────────

4 ❶ 吃一顿又不会马上就胖了。

❷ 把鸡蛋放到锅里，炒一下。

❸ 把平底锅加热，放一点儿油。

❹ 盐放得太多了，这样对身体不好。

5과 **你猜他多大年纪？**
저 분의 연세가 어떻게 되는지 맞혀 볼래요？

맛있는 회화 ➜76쪽

샤오잉　너 장원 교수님 봤어？

동민　장 교수님도 오셨어？ 어느 분이시지？
　　　네가 좀 가리켜 보여 줘.

샤오잉　바로 저 분이야, 앞줄 중간에 앉아서 안경 쓰
　　　고, 회색 양복을 입으신 분.

동민　저 분이 바로 장 교수님이시구나.
　　　나는 예전에 학교에서 뵌 적이 있어.

샤오잉　교수님은 거의 이런 활동에 참석 안 하셔.
　　　왜냐하면 너무 바쁘셔서 시간을 낼 수 없거든.
　　　너 교수님 연세가 어떻게 되는지 맞혀 볼래？

동민　겨우 쉰 살로 보이시는데.

샤오잉　교수님은 거의 예순이 다 되셨어.
　　　우리 가서 인사 드리자.

확인 학습 ➜77쪽

1 ②　　　**2** ③

맛있는 듣고 말하기 ➜78~79쪽

STEP1　❶ B　❷ A　❸ D　❹ C　❺ E

STEP2

┌─────────────────────

❶ 他穿着一身运动服，笑的时候，眼
　睛小小的。

❷ 他是个上班族，穿着西装，个子很
　高，比较帅。

❸ 她眼睛大大的，长得很漂亮，很受
　欢迎。

❹ 她烫了发，戴副眼镜，穿着迷你
　裙，看起来很时髦。

❺ 长发、瘦瘦的，穿着蓝色裙子的那
　个就是我姐姐。

└─────────────────────

❶ 그는 운동복을 입고 있고, 웃을 때 눈이 작아요.
❷ 그는 직장인이고, 양복을 입고 있어요. 키가 크고, 비교적 잘생겼어요.
❸ 그녀는 눈이 크고, 예쁘게 생겨서 인기가 많아요.
❹ 그녀는 파마하고, 안경을 쓰고, 미니스커트를 입고 있는 모습이 세련돼 보여요.
❺ 긴 머리에, 마르고, 파란색 치마를 입고 있는 그 사람이 바로 우리 누나(언니)예요.

STEP3 참고 답안

她个子高高的，眼睛大大的，穿得很时髦。

맛있는 이야기 해석 ➜80쪽

아메이의 전 남자 친구들

아메이가 대학교에 다닐 때, 많은 남학생들이 그녀를 쫓아다녔습니다.

그녀의 첫 번째 남자 친구는 공부벌레였습니다. 안경을 쓰고, 지적으로 생겼습니다.

그녀의 두 번째 남자 친구는 키가 1m80이고, 잘생겼으며, 옷도 잘 입었습니다. 아메이와 그는 첫눈에 반했습니다. 그러나 그들은 걸핏하면 싸웠기 때문에, 그래서 헤어졌습니다.

아메이의 세 번째 남자 친구는 그녀에게 아주 잘했습니다. 자주 그녀에게 선물을 사 주고, 밥을 사 줬습니다. 아메이는 원래 그가 좋은 사람이라고 생각했습니다. 그러나 결국 아메이는 그를 차 버렸습니다. 알고 보니 그는 바람둥이였습니다.

아메이는 언제 비로소 자신의 진정한 사랑을 찾을 수 있을까요?

맛있는 이야기 정답 ➜81쪽

1 ❶ 她的第一个男朋友是个书呆子，戴副眼镜，长得斯斯文文的。
　 ❷ 因为他们动不动就吵架。
　 ❸ 因为他是个花心大萝卜。

2 ❶ ○ 阿美上大学的时候，很多男生喜欢她。

❷ ○ 她的第一个男朋友长得很斯文。
❸ ✕ 她的第二个男朋友，个子不高，但是长得很帅。

맛있는 어법 ➜82~83쪽

1 해석 당신은 걸핏하면 밥을 사겠다고 말하는데, 당신 그렇게 돈이 많아요?
　 중작 他的女朋友动不动就吃醋。

2 해석 그가 자주 밥을 사서, 나는 그가 돈이 많은 줄 알았는데, 사실은 그렇지 않았습니다.
　 중작 我以为他在中国留过学，可是他说没去过。

3 해석 여기는 원래 상점이었는데, 지금은 식당이 되었습니다.
　 중작 我以为你生气了，原来你没生气。

연습 문제 ➜84~85쪽

1 참고 답안
❶ 他头发短短的，穿着一身运动服，手里拿着一顶帽子。
❷ 她长发、戴副眼镜、穿着红色裙子，长得很漂亮。

2 ❶ D　　❷ B　　❸ A　　❹ E

3 ❶ A　　❷ B

녹음 원문 🎧

男 你看见我的朋友了吗？我找不到他了。
女 你朋友长什么样子？
男 圆脸，个子挺高，瘦瘦的。
女 是不是穿了一件黄色的T恤衫？
男 对对，你看见他了？
女 他好像在院子里，我帮你找找看。
질문 ① 朋友长什么样子？
　　 ② 关于朋友，哪一个是对的？

남	너 내 친구 봤니? 나는 그를 못 찾겠어.
여	네 친구가 어떻게 생겼는데?
남	둥근 얼굴에, 키가 매우 크고, 말랐어.
여	노란색 티셔츠를 입고 있지?
남	맞아, 너 그를 봤니?
여	그는 정원에 있었던 것 같아. 내가 네 대신 찾아 볼게.

질문 ① 친구는 어떻게 생겼나요?
② 친구에 관해 어느 것이 맞나요?

4 ❶ 你猜他多大年纪?

❷ 他太忙了，抽不出时间。

❸ 脸上长了几个痘痘，她很烦恼。

❹ 她动不动就迟到，所以被老师骂了。

你有什么爱好?
당신은 무슨 취미가 있나요?

맛있는 회화 ➜88쪽

샤오린 너는 무슨 취미가 있니?

아메이 나는 말이지, 뭐 특별한 것은 없어.
그냥 텔레비전을 즐겨 봐!

샤오린 나는 텔레비전 보는 게 제일 싫더라. 뭐 볼 만한 게 있다고? 너무 따분해.

아메이 프로그램이 많이 있어서 선택할 수 있잖아.
영화, 예능, 뉴스 등.

샤오린 텔레비전을 보느니 차라리 한숨 자는 게 낫겠어. 오늘 날씨가 좋은데, 우리 나가서 산책하는 게 어때?

아메이 너는 다른 사람을 찾아봐. 조금 있으면 내가 좋아하는 프로그램이 하거든.

샤오린 그럼 네가 좋아하는 프로그램을 천천히 감상하렴.

확인 학습 ➜89쪽

1 ② 2 ①

맛있는 듣고 말하기 ➜90~91쪽

STEP1 ❶B ❷A ❸D ❹E ❺C

STEP2

❶ 我是影迷。我每个星期一定看一部
电影。

❷ 我是足球迷。四年一次的世界杯是
我最大的节日。

❸ 朋友们说我做菜做得非常好，应该
去当厨师。

❹ 这个爱好很辛苦，不过可以了解当
地的风俗文化。

❺ 这是很费钱的爱好。最近我没钱，
所以只逛不买东西。

① 나는 영화광이에요. 나는 매주 꼭 영화 한 편씩 봐요.

② 나는 축구광이에요. 4년에 한 번 있는 월드컵은 내게 최고의 명절이에요.

③ 친구들은 내가 요리를 매우 잘하니까, 요리사가 돼야 한대요.

④ 이 취미는 고생스러워요. 하지만 현지의 풍속과 문화를 이해할 수 있어요.

⑤ 이것은 돈을 많이 쓰는 취미예요. 요즘에 나는 돈이 없어서, 구경만 하고 물건은 안 사요.

STEP3 참고 답안

我是个篮球迷，我最大的爱好就是打篮球。我想当篮球运动员。

단어 运动员 yùndòngyuán 명 운동 선수

맛있는 이야기 해석 ➜92쪽

신체를 건강하게 하는 것이 중요해

예전에 대학교에 다닐 때, 나는 자주 헬스장에 갔는데, 매주 적어도 세 번은 갔습니다. 그때 내 몸은 매우 건강하고, 매일 활력이 넘쳤습니다. 신체를 건강하게 하는 것이 나의 가장 큰 기쁨이었다고 말할 수 있죠. 일을 하고 나서, 나는 평소에 늦게 퇴근해서 헬스장에 가기 귀찮았습니다. 주말에는 또 늦잠을 자고, 친구를 만나고 싶어서 운동할 시간이 없었습니다. 반년이 채 안 돼서, 나는 뚱뚱해졌습니다. 예전처럼 그렇게 건강하지도 않습니다. 자주 피곤하다고 느낍니다. 더 이상 운동하지 않으면, 곧 병이 날 겁니다. 오늘부터 시작해서 나는 운동을 지속할 겁니다. 반년 후에는 내 예전의 모습으로 돌아갈 수 있기를 바랍니다.

맛있는 이야기 정답 ➜93쪽

1 ① 上大学的时候，他每周至少去三次健身房。

② 工作不到半年，他就变胖了，也不像以前那么健康了，经常感觉很累。

③ 他希望半年后能变回以前的样子。

2 ① ○ 我上大学的时候，身体很健康，也有活力。

② ✕ 我现在像以前一样健康，一点儿都没变。

③ ✕ 因为我工作以后一直没运动，所以生病了。

맛있는 어법 ➜94~95쪽

1 해석 그들은 매번 만날 때마다 싸우니까, 나는 간섭하기 싫습니다.

중작 今天下雨，我懒得出去。

2 해석 당신의 얼굴이 작아졌어요. 당신 다이어트를 하고 있어요?

중작 这几天天气变冷了，出门的时候，多穿点儿衣服。

3 해석 더 이상 안 일어나면, 지각할 겁니다.

중작 你再不喝，我就要把你的酒喝完了。

연습 문제 ➜96~97쪽

1 참고 답안

① 姐姐喜欢做菜，她说做菜让她很快乐。如果别人喜欢她做的菜的话，她会觉得很幸福。

② 哥哥的爱好是背包旅行。他去过很多地方，拍了很多好看的照片。

2 ① D　　② C

내 취미는 동영상 촬영입니다. 나는 풍경, 동물, 맛있는 음식 등을 찍을 수 있습니다. 나는 자주 내가 찍은 동영상을 인터넷에 업로드합니다. 모르는 사람들이 많이 내 동영상을 좋아하는 것을 보면 나는 매우 기쁩니다.

3 ❶ B   ❷ D

녹음 원문 🎧

男 你昨天去哪儿了?

女 出去兜风了。我上个月拿到了驾照，就买了一辆新车。

男 是吗? 恭喜你!

女 我发现开车兜风很有意思。我一有时间就去兜风。

男 你是个新手，开车小心点儿。

질문 ① 女的昨天干什么了?
② 关于女的，哪一个是错的?

남 너는 어제 어디 갔었니?

여 드라이브하러 나갔었어. 나 지난달에 운전면허를 따서 바로 차를 한 대 샀거든.

남 그래? 축하해!

여 나는 운전하며 드라이브하는 것이 정말 재미있다는 것을 알았어. 나는 시간만 있으면 드라이브해.

남 너는 초보니까, 운전 조심해.

질문 ① 여자는 어제 무엇을 했나요?
② 여자에 관해 어느 것이 틀리나요?

4 ❶ 有什么好说的?
❷ 跟他吃饭还不如睡一会儿觉。
❸ 今年我至少看了二十部电影。
❹ 朋友说我结婚以后变胖了。 또는
结婚以后朋友说我变胖了。

7과 这次饶了我吧。
이번에는 나 좀 봐줘요.

맛있는 회화 ➜100쪽

동민 여보세요? 아메이, 모두 모였어?

아메이 모두 모였어, 너만 빼고.
우리 모두 너 기다리고 있어.

동민 이번 모임에 나는 못 갈 것 같아. 모두에게 정말 미안해.

아메이 왜 그래? 너 어딘데?

동민 나 지하철 안에 있어. 지하철이 고장 나서, 30여 분을 기다렸는데, 꿈적도 안 해.

아메이 너도 참, 왜 이제서야 전화한 거야?

동민 미안해. 이번에는 나 좀 봐주라.

확인 학습 ➜101쪽

1 ③   2 ③

맛있는 듣고 말하기 ➜102~103쪽

STEP1 ❶ D ❷ C ❸ A ❹ E ❺ B

STEP2

❶ 明天在麦当劳见! 不见不散!

❷ 那就这么定了。你要守时间啊，三点见!

❸ 明天咱们换个地方见面好不好? 那里太远了。

❹ 那个约会得取消了，我突然有了急事儿。

❺ 现在堵车，我可能要晚到三十分钟。

❶ 내일 맥도날드에서 만나요! 올 때까지 기다릴게요!

❷ 그럼 이렇게 정한 거예요. 당신은 시간을 지켜야 돼요. 3시에 만나요!

❸ 내일 우리 장소를 바꿔서 만나는 게 어때요? 그곳은 너무 멀어요.

❹ 그 약속을 취소해야 해요. 나는 갑자기 급한 일이 생겼어요.
❺ 지금 차가 막혀서, 나는 아마 30분 늦을 것 같아요.

STEP3 참고 답안

我突然有了急事儿，咱们的约会得取消了。这次没能守约，真不好意思！

맛있는 이야기 해석 ➜104쪽

선을 보다

오늘 샤오린이 차를 운전하며 선을 보러 가는데, 길에서 한 여자아이가 차가 고장 나서 길가에 멈춰 선 것을 봤습니다. 샤오린은 차를 수리할 수 있어서 차에서 내려 그 여자아이를 도와 수리해 주었습니다. 한참 후에야 수리가 끝났지만, 그는 번거로운 것을 조금도 싫어하지 않았습니다. 곧 약속 시간이 다가오는데, 샤오린은 늦을 것 같다는 생각이 들어서 선을 보기로 한 여자아이에게 바로 전화를 하고, 또 특별히 꽃을 한 다발 샀습니다. 약속 장소에 도착해서, 샤오린은 방금 만났던 그 여자아이가 거기 앉아 있는 것을 발견했습니다. 그들은 모두 놀랐습니다. 두 사람은 이야기를 할수록 점점 더 말이 잘 통했고, 인연이 있다고 생각했습니다. 그 후 두 사람은 연인이 되었습니다.

맛있는 이야기 정답 ➜105쪽

1 ❶ 他碰到一个女孩儿车坏了。
　❷ 他发现刚才碰到的那个女孩儿就坐在那里。
　❸ 他们后来成了一对。

2 ❶ ✕ 帮女孩儿修车，小林觉得很麻烦。
　❷ ○ 小林路上碰到的女孩儿就是他相亲的对象。
　❸ ✕ 因为小林迟到了，所以女孩儿觉得他们没有缘分。

맛있는 어법 ➜106~107쪽

1 해석 그는 내가 자주 출장 가는 것을 싫어합니다.
　중작 我嫌他个子太高。
2 해석 지하철을 타면 늦으니, 택시를 타고 가세요.
　중작 已经下雨了，来不及收衣服了。
3 해석 그의 말은 내가 생각할수록 점점 더 화나요. 어떡하죠?
　중작 我觉得汉语越学越有意思了。

연습 문제 ➜108~109쪽

1 참고 답안

❶ 不好意思，路上堵车，我可能要晚到一会儿。
❷ 她突然有急事儿，想取消约会。

2 ❶ C → B → A　　❷ B → A → C

3 ❶ A　　　　　　❷ D

──── 녹음 원문 🎧 ────

女 喂？小林啊。跟你说个事儿。
男 你说，你说。
女 今天晚上的聚会，时间改了。
男 改到几点？不要太晚。
女 改到九点，你行吗？
男 行。不过我得先走，明天还要早起。
女 好，你可以早点儿走，回去好好儿休息。
질문 ① 他们的聚会改到了什么时候？
　　 ② 男的为什么说不要太晚？

여 여보세요? 샤오린. 너한테 할 얘기가 있어.
남 말해 봐.
여 오늘 저녁 모임 시간이 변경되었어.
남 몇 시로 변경되었는데? 너무 늦으면 안 되는데.
여 9시로 변경되었어. 괜찮겠니?

남	괜찮아. 하지만 나는 먼저 가야겠다. 내일 또 일찍 일어나야 되거든.
여	그래. 너는 좀 일찍 가도 돼. 집에 가서 푹 쉬어.
질문	① 그들의 모임은 언제로 변경되었나요? ② 남자는 왜 너무 늦으면 안 된다고 말했나요?

4 ❶ 我特意买了一束花。

❷ 咱们换个地方见面好不好？

❸ 我可能要晚到几分钟。

❹ 他经常帮我，但是一点儿也不嫌麻烦。

听说明天雾霾很严重。
듣자 하니 내일 미세먼지가 심하대요.

맛있는 회화 → 112쪽

동민 듣자 하니 내일 미세먼지가 심하대.

샤오잉 그래? 미세먼지 너무 무서워.
내일은 나가지 않는 게 좋겠다.
아무래도 집에 있어야겠네.

동민 내일 같이 뮤지컬 보러 가기로 하지 않았어?
표도 예매했잖아.

샤오잉 맞다. 그럼 어떡하지?
아니면 표를 환불하고, 다른 날 다시 가자.

동민 너는 뭐가 무섭다고 그래? 마스크 쓰면 괜찮아.
우리 오랫동안 뮤지컬 보러 안 갔잖아. 그냥 가자.

샤오잉 그럼 네 말 들을게.

확인 학습 → 113쪽

1 ④   2 ②

맛있는 듣고 말하기 → 114~115쪽

STEP1   ❶ A   ❷ E   ❸ D   ❹ B   ❺ C

STEP2

---

❶ 外边下雨，你把雨伞带上吧。

❷ 今天白天最高气温有三十八度，要热死了。

❸ 最近早晚凉，白天热，温差很大，小心感冒。

❹ 天这么阴，一会儿一定会下雨的。

❺ 冻死我了，我们进屋去吧。

---

❶ 밖에 비가 와요. 당신은 우산을 챙기세요.

❷ 오늘 낮의 최고 기온이 38도래요. 더워 죽겠어요.

❸ 요즘 아침과 저녁에는 쌀쌀하고, 낮에는 더워요. 일교차가 매우 크니 감기 조심하세요.

❹ 하늘이 이렇게 흐리니, 잠시 후에 분명히 비가 내릴 거예요.

❺ 얼어 죽겠어요. 우리 집 안으로 들어가요.

STEP3 참고 답안

我们这里秋天白天气温高，晚上气温低，温差很大。

단어 低 dī 형 낮다

맛있는 이야기 해석 → 116쪽

나의 계획표

오늘이 일요일입니다. 나는 다음 주 일기 예보를 보고 계획표를 만들었습니다.

월요일, 날씨 맑음, 빨래하기 좋은 날씨입니다. 화요일, 오후에 소나기가 내립니다. 우산을 꼭 챙겨 외출해야 합니다. 지난번에는 우산 챙기는 것을 깜빡해서, 집에 돌아올 때 비를 맞았습니다. 이번에는 또다시 잊으면 안 됩니다. 수요일, 이런, 황사가 붑니다. 황사는 정말 무섭습니다. 보아하니 마스크를 쓰고 외출해야겠습니다. 목요일, 또 비가 와서 집에 있으면 됩니다. 맞다, 집에서 젠빙을 해 먹어야겠습니다. 친구 몇 명 초대해서 그들에게 솜씨를 발휘해야겠습니다. 금요일, 비 온 뒤 맑음, 나는 하마터면 잊을 뻔했는데, 도서관에서 빌려 온 책이 이날 만기일이어서 반납해야 합니다.

맛있는 이야기 정답 → 117쪽

1 ❶ 她看了天气预报以后，做了一个计划表。

❷ 因为上次下雨的时候她忘了带雨伞。

❸ 星期五她可能要去图书馆还书。

2 ❶ ✕ 星期一上午下雨，所以我打算下午洗衣服。

❷ ○ 天气预报说，星期二下午有阵雨。

❸ ✕ 星期三沙尘暴很大，我不打算出去。

맛있는 어법 → 118~119쪽

1 해석 그는 다리를 다쳐서 더 이상 공을 찰 수 없습니다.

중작 我们没有时间，不能再等了。

2 해석 그가 이렇게 좋아하는데, 그에게 하나 사 주면 되죠.

중작 他那么不喜欢去那儿，我一个人去算了。

3 해석 우리는 토론할 때, 하마터면 다툴 뻔했습니다.

중작 那部电影很感动，我差点儿哭了。

또는

那部电影很感动，我差点儿没哭。

연습 문제 → 120~121쪽

1 참고 답안

❶ 又刮风又下雪，真是冻死我了。

❷ 你看，天阴了，恐怕要下雨。

2 ❶ B ❷ D ❸ C ❹ E

3 ❶ B ❷ C

녹음 원문 🎧

男	天气预报说，明天要下雨。
女	我看不见得，最近天气多好啊。
男	下雨多好，这两天气温这么高。
女	说的也是。天气太热了，闷死我了。
男	我们去逛商店吧。那里有空调。
女	好，走吧!
질문	① 现在最可能是什么季节?
	② 他们为什么要去逛商店?

남	일기 예보에서 그러는데, 내일 비가 올 거래.
여	내가 보기에는 꼭 그럴 것 같진 않아. 요즘 날씨가 얼마나 좋은데.
남	비가 오면 얼마나 좋아. 요 며칠 기온이 이렇게 높잖아.
여	그러게 말이야. 날씨가 너무 더워서 답답해 죽겠어.
남	우리 상점에 쇼핑하러 가자. 거기에는 에어컨이 있잖아.
여	좋아, 가자!
질문	① 지금은 아마도 무슨 계절인가요?
	② 그들은 왜 상점에 쇼핑하러 가나요?

4 ❶ 最好别出去，还是呆在家里吧。

❷ 要下雨了，你带上雨伞吧。

❸ 从图书馆借来的书，这一天就要到期了。

❹ 我差点儿忘了，明天得去见朋友。

花钱容易挣钱难啊!
돈을 쓰기는 쉽지만 벌기는 어려워요!

맛있는 회화 ➜ 124쪽

샤오린 탁상 달력을 마주하고 뭘 그리 멍하니 있어?

여동생 나는 며칠 더 있어야 월급을 받는지 세고 있어.

샤오린 왜? 또 적자야?

여동생 곧.

샤오린 너 이 매달 월급을 다 써 버리는 녀석, 정말 너는 어쩔 수가 없구나.

여동생 돈을 쓰기는 쉽지만 벌기는 어려워!

샤오린 지금에서야 알았어? 그러니까 평소에 돈을 펑 펑 쓰지 마.

여동생 알겠어. 앞으로 나 고칠 거야.
오빠, 나한테 돈 좀 빌려 줄 수 있어, 없어?

샤오린 너 얼마 필요한데?

여동생 500. 내가 월급 받자마자 바로 갚을게. 고마 워, 오빠!

확인 학습 ➜ 125쪽

1 ③   2 ④

맛있는 듣고 말하기 ➜ 126~127쪽

STEP1 ❶ D ❷ E ❸ B ❹ A ❺ C

STEP2

❶ 有点儿贵，还能再便宜点儿吗?

❷ 有没有别的款式? 这些都一般。

❸ 这个有点儿脏，给我换一个新的。

❹ 有没有大一号的? 这件有点儿小。

❺ 对不起，我们店只能换，不能退款。

❶ 조금 비싸네요. 더 싸게 해 주실 수 있어요?

❷ 다른 디자인 있어요, 없어요? 이것들은 모두 평범해요.

❸ 이것은 조금 더러워요. 새 것으로 바꿔 주세요.

❹ 한 치수 더 큰 게 있어요, 없어요? 이 옷은 조 금 작아요.

❺ 죄송합니다. 저희 상점은 교환만 할 수 있고, 환불은 안 돼요.

정답 및 해석

STEP3 참고 답안

这件衣服可以退款吗？不可以的话，我想换成别的款式。

맛있는 이야기 해석 → 128쪽

쇼핑광의 고민

나는 물건 사는 것을 굉장히 좋아합니다. 쇼핑하러 다니건, 아니면 인터넷에서 물건을 사건, 나는 다 좋아합니다.

비록 월급은 많지 않지만, 돈을 쓰는 곳은 오히려 많습니다. 나는 좋아하는 물건은 보자마자 사야 합니다. 나는 돈을 버는 것은 누리기 위해서라고 생각하기 때문에 단지 힘들게 돈을 벌기만 하고 싶지는 않습니다. 그런데 최근에 문제가 좀 생겼습니다. 내 신용 카드가 정지되었습니다. 이를 어떻게 해야 될까요?

오늘 나는 인터넷에서 ≪낭비벽이 심한 사람은 어떻게 재테크를 해야 하나≫라는 책 한 권을 봤습니다. 나는 이 책이 굉장히 필요합니다.

맛있는 이야기 정답 → 129쪽

1 ❶ 因为她一看见喜欢的东西就要买。
  ❷ 她认为挣钱就是为了享受。
  ❸ 她的信用卡被停了。

2 ❶ × 我工资很高，经常买东西。
  ❷ ○ 我的信用卡现在不能用了。
  ❸ × 我在书店看到了一本叫《月光族如何理财》的书。

맛있는 어법 → 130~131쪽

1 해석 당신은 무슨 옷을 입든 다 예쁩니다.
  중작 不管你说什么，我都要去中国留学。

2 해석 비록 나는 그를 만난 적은 없지만, 나는 그의 이름을 들어 본 적이 있습니다.
  중작 虽然工资不高，可是我觉得很有意思。

3 해석 내가 이렇게 열심히 아르바이트를 해서 돈을 버는 것은 내년에 중국에 가기 위해서입니다.
  중작 我这么努力工作是为了买房子。

연습 문제 → 132~133쪽

1 참고 답안

❶ 女的觉得太贵了，她想让老板便宜一点儿。
❷ 女的看了几双鞋也不喜欢，老板给她推荐了别的款式的鞋。

2 ❶ A   ❷ B

> 지금 젊은 사람의 생활은 매우 쉽지 않습니다. 그들은 일의 스트레스가 클 뿐만 아니라, 게다가 생활의 스트레스도 적지 않습니다. 막 일을 시작한 많은 젊은 사람들은 월급이 비교적 낮지만, 생활에서 써야 할 돈은 많습니다. 그래서 많은 사람들이 매달 돈을 다 써 버리게 됩니다.

3 ❶ C   ❷ D

녹음 원문 🎧

女 老板，这个花瓶怎么卖？
男 一百五十块，一点儿也不贵。
女 这还不贵？一百块卖不卖？
男 一百块我就赔本了。这样吧，一百三十块。
女 我就带了一百块钱，不卖的话就算了吧。
男 好吧，一百块就一百块。

질문 ① 女的要买什么？
     ② 女的想买的东西原价多少？

여 사장님, 이 꽃병은 어떻게 팔아요？
남 150위안이에요. 전혀 비싸지 않아요.
여 이게 비싸지 않다고요? 100위안에 파시겠어요, 안 파시겠어요？
남 100위안이면 제가 손해를 봐요. 이렇게 하지요, 130위안 주세요.

여	저는 100위안만 가져왔어요, 안 팔면 됐어요.
남	좋아요, 100위안으로 해요.
질문	① 여자는 무엇을 사려고 하나요?
	② 여자가 사려고 하는 물건의 원가는 얼마인가요?

4 ❶ 现在才知道呀？那平时别大手大脚的。

❷ 有点儿贵，还能再便宜点儿吗？

❸ 你对着电脑发什么呆呀？

❹ 我认为运动是为了有一个好身体。

你哪儿不舒服?
당신은 어디가 불편하세요?

맛있는 회화 ➔ 136쪽

의사	어디가 불편하세요?
동민	의사 선생님, 저는 요즘 위가 심하게 아파요. 게다가 속이 좀 메스꺼워요.
의사	다른 증상은 없나요?
동민	없는 것 같아요.
의사	언제부터 시작된 거죠? 예전에 위장병을 앓은 병력이 있나요?
동민	예전에는 없었어요. 약 한 달 전부터 시작됐어요.
의사	평소에 아침을 먹나요?
동민	학교가 집에서 비교적 멀어서 아침 먹을 시간이 없어요.
의사	그래도 아침을 먹어야 돼요. 아침에 뱃속이 비어 있으면 좋지 않아요. 제가 보니 당신은 아마도 위염인 것 같아요. 가서 위 내시경 검사를 해 보죠.

확인 학습 ➔ 137쪽

1 ④   2 ③

맛있는 듣고 말하기 ➔ 138~139쪽

STEP1 ❶ C   ❷ A   ❸ E   ❹ D   ❺ B

STEP2

❶ 胃炎又犯了，胃疼得很厉害。

❷ 昨天晚上牙疼，我一直睡不着。

❸ 有点儿头晕，我想坐一会儿。

❹ 流鼻涕，嗓子疼。

❺ 你在发烧，而且烧得很厉害。

❶ 위염이 또 재발해서 위가 심하게 아파요.

❷ 어젯밤에 이가 아파서 나는 계속 잠을 못 잤어요.

❸ 머리가 좀 어지러워서 나는 잠시 앉아 있고 싶어요.

❹ 콧물이 나고, 목이 아파요.

❺ 당신은 열이 나네요. 게다가 열이 심해요.

STEP3 참고 답안

一次，我的牙很疼，到了晚上疼得更厉害，一直睡不着。

맛있는 이야기 해석 ➔140쪽

발치기

　나의 사랑니에 염증이 생겨 너무 아파서 요 며칠 밤에 잠을 못 잤습니다. 예전에도 염증이 생긴 적이 있었는데, 의사 선생님이 나에게 그것을 뽑아 버리라고 했습니다. 그러나 나는 아플까 봐 무서워서 안 뽑고, 단지 약간의 소염제만 먹었습니다. 이번에는 아파서 참을 수가 없었습니다. 그것을 뽑아 버리지 않으면 안 됐습니다.

　나는 치과에 갔습니다. 의사 선생님은 나에게 마취 주사를 놓은 후, 10여 분만에 사랑니를 뽑았습니다. 알고 보니 이를 뽑는 게 결코 상상만큼 그렇게 아프지는 않더군요. 예전에 정말 괜히 걱정했습니다. 사랑니를 뽑아 버려서, 이가 다시는 아프지 않을 겁니다. 나는 좀 일찍 이를 뽑지 않은 것을 정말 후회합니다.

맛있는 이야기 정답 ➔141쪽

1 ❶ 因为她的智齿发炎了，疼得非常厉害。
　❷ 以前她怕疼，就没拔。
　❸ 她觉得拔牙并没想象的那么疼。

2 ❶ × 医生说这次不拔也可以。
　❷ × 拔牙的时候打了麻醉药，一点儿都不疼。
　❸ ○ 我很后悔没早点儿拔牙。

맛있는 어법 ➔142~143쪽

1 해석 안의 물을 모두 따라 버리세요.
　중작 你把咖啡喝掉吧。
2 해석 나는 한 시간을 기다렸는데 그는 아직 안 왔습니다. 나는 정말 화나서 참을 수가 없습니다.

중작 今天天气太热了，我热得受不了。
3 해석 나는 그 회의에 참석하고 싶지 않은데, 그는 내게 참석하지 않으면 안 된다고 했습니다.
　중작 我今天非把这本书看完不可。 또는 我今天非看完这本书不可。

연습 문제 ➔144~145쪽

1 참고 답안
　❶ 她从早上开始嗓子疼，而且一直流鼻涕，可能感冒了。
　❷ 她发烧了，很难受。

2 ❶ C　　　❷ A　　　❸ B　　　❹ D

3 ❶ D　　　❷ B

녹음 원문 🎧

男　您好，我挂号。
女　挂哪一科？
男　我胃不舒服，您说应该挂哪一科？
女　挂内科吧。五块钱。
男　给您。内科怎么走？
女　坐电梯上四楼，左拐就是。
질문　① 男的在干什么？
　　　② 内科在几楼？

남　안녕하세요? 접수하려고 하는데요.
여　어느 과에 접수하세요?
남　저는 위가 아픈데, 어느 과에 접수해야 될까요?
여　내과에 접수하세요. 5위안입니다.
남　여기 있습니다. 내과는 어떻게 가나요?
여　엘리베이터를 타고 4층으로 올라가서, 좌회전하면 돼요.
질문　① 남자는 무엇을 하고 있나요?
　　　② 내과는 몇 층에 있나요?

---

4 ❶ 大概半个月以前开始的。
　❷ 拔牙并没想象的那么疼。
　❸ 吃完药，头就不会再疼了。
　❹ 非做胃镜检查不可吗？

你又得了奖学金。
당신은 또 장학금을 받았군요.

맛있는 회화 ➜148쪽

아메이 듣자 하니 너 또 장학금을 받았다던데,
　　　　너 정말 대단하다!

동민　천만에, 나는 운이 좋았어.

아메이 겸손해 할 것 없어.
　　　　너는 어떻게 매번 장학금을 타니? 무슨 비결
　　　　이 있는 거야?

동민　별 거 없어. 그냥 수업 열심히 듣고, 열심히
　　　　복습해.

아메이 네 필기를 나한테 좀 빌려 줄 수 있니?

동민　그럼.

아메이 이번 장학금 너는 어떻게 쓸 계획이야?

동민　나는 우선 너한테 한턱쏠게.

아메이 너 말한 거 꼭 지켜야 해. 나 굉장히 비싼 거
　　　　먹을 거야.

확인 학습 ➜149쪽

1　②　　　2　①

맛있는 듣고 말하기 ➜150~151쪽

STEP1　❶E　❷C　❸B　❹A　❺D

STEP2

> ❶ 为了找工作，我最近在上英语培训
> 班。
> ❷ 快考试了，我整天泡在图书馆里。
> ❸ 我的毕业论文通过了。
> ❹ 我想参加学习英语的学习小组。
> ❺ 这次考试我考砸了。

> ❶ 직장을 구하기 위해서, 나는 요즘 영어 학원에
> 다녀요.
> ❷ 곧 시험이에요, 나는 하루 종일 도서관에 틀어 박
> 혀 있어요.
> ❸ 나의 졸업 논문이 통과됐어요.
> ❹ 나는 영어 스터디 동아리에 참가하고 싶어요.
> ❺ 이번 시험에서 나는 시험을 망쳤어요.

STEP3　참고 답안

毕业后我想当公务员。为了通过公务员考
试，我打算上好几个培训班，整天泡在图
书馆里。

맛있는 이야기 해석 ➜152쪽

시험을 망쳤다

　이번 〈음악과 심리학〉 시험을 나는 망쳤습니다.

　학교 친구들이 모두 〈음악과 심리학〉은 간단하
고 재미있다고 해서 수강 신청할 때 나는 일부러
이 과목을 선택했습니다. 게다가 시험 보기 전에
나는 간신히 복습할 자료를 구했습니다. 마음속으
로 이번 시험에 불합격까지는 아니겠지라고 생각했
습니다.

　아뿔싸! 시험 당일 날 나는 하필 감기에 걸렸습
니다. 게다가 시험 문제와 복습한 자료가 완전 달
라서 나는 한 문제도 못 풀었습니다. 괜히 밤새며
그렇게 오래 봐서 너무 피곤합니다. 오늘 시험 결과
가 나왔습니다. 후! 나는 불합격입니다.

맛있는 이야기 정답 ➜153쪽

1　❶ 因为他听同学们说《音乐和心理学》
　　既简单又有趣。
　　❷ 因为他好不容易弄到了复习资料。
　　❸ 最后他考试考砸了。　또는
　　　 最后他不及格。

2　❶ ○ 我特意选了《音乐和心理学》。
　　❷ ○ 考试前，我弄到了考试资料。
　　❸ × 考试题和复习资料完全一样。

맛있는 어법 ➜154~155쪽

1　해석　간신히 구한 직장인데, 왜 그만두세요?
　　중작　好不容易买到了回家的车票。

2　해석　그녀가 농담한 건데, 당신이 이렇게 화낼
　　　　정도는 아니잖아요.
　　중작　不至于一句话也听不懂。

3 해석 나는 오늘 우산을 안 가져왔는데, 하필 비가 내렸습니다.

중작 昨天她来找我，偏偏我不在家。

연습 문제 → 156~157쪽

1 참고 답안

❶ 不行，我明天要考试，我得去图书馆熬夜复习。

❷ 别提了，又不及格。

2 ❶ C → A → B　❷ B → A → C

3 ❶ A　　　　　❷ D

┌─ 녹음 원문 🎧 ─

男 今天又来晚了，图书馆里一个空座位都没有。

女 我们去咖啡厅学习吧，希望那儿人不多。

男 这可不好说。期末考试，谁都想复习。

女 去看看吧。明天早点儿来图书馆占座位。

男 你能不能打电话叫醒我？我早上起不来。

질문 ① 他们来图书馆做什么？
② 男的为什么让女的给他打电话？

남 오늘 또 늦게 와서 도서관에 빈 자리가 하나도 없어.

여 우리 커피숍에 가서 공부하자. 거기에는 사람 많지 않았으면 좋겠다.

남 그건 모르지. 기말고사니까, 누구든 복습하려고 하겠지.

여 가 보자. 내일은 좀 일찍 도서관에 와서 자리 잡자.

남 너 전화로 나를 깨워 줄 수 있니, 없니? 나는 아침에 못 일어나.

질문 ① 그들은 무엇을 하러 도서관에 왔나요?
② 남자는 왜 여자에게 전화해 달라고 하나요?

4 ❶ 你怎么每次都能得奖学金？

❷ 考试那天我偏偏迟到了。 또는
我偏偏考试那天迟到了。

❸ 白熬夜复习了那么久，还累得要命。

❹ 他整天泡在图书馆里学习。

那要绕很远。
그럼 멀리 돌아가야 해요.

맛있는 회화 ➜160쪽

샤오잉 기사님, 언제 도착할 수 있을까요?
제가 급한 일이 있어서요.

기사 이건 말하기 쉽지 않아요.
지금은 러시아워라서 차가 너무 막혀요.

샤오잉 아니면 좁은 길로 가는 건 어떨까요?

기사 그럼 멀리 돌아가야 하는데, 괜찮아요?

샤오잉 단지 좀 빨리 갈 수만 있으면 돼요. 오늘 제가
면접에 참가해야 되거든요.

기사 그렇군요. 그럼 좋아요. 우리 좁은 길로 가죠.
제가 가능한 빨리 모셔다 드릴게요.

확인 학습 ➜161쪽

1 ③   2 ②

맛있는 듣고 말하기 ➜162~163쪽

STEP1 ❶ A ❷ D ❸ B ❹ E ❺ C

STEP2

> ❶ 那边有座位了，我们去那边吧。
> ❷ 现在堵车堵得太厉害，可能要晚到三十分钟。
> ❸ 在前边停车就行。
> ❹ 人太多，我们坐下趟车吧。
> ❺ 马上要到站了，我们准备下车吧。

> ❶ 저기 자리가 있어요. 우리 저쪽으로 가요.
> ❷ 지금 차가 너무 심하게 막혀요. 아마 30분 늦을 거예요.
> ❸ 앞에서 세워 주시면 돼요.
> ❹ 사람이 너무 많아요. 우리 다음 차 타요.
> ❺ 곧 정류장에 도착해요. 우리 내릴 준비해요.

STEP3 참고 답안

我平时坐地铁去上班，要坐十几站。上班时是高峰时间，有很多人，没有座位。

맛있는 이야기 해석 ➜164쪽

지하철에서의 경험

우리 집은 회사에서 매우 멀어서 지하철을 타고 한 시간 반이 걸립니다. 나는 매일 일찍 일어나서 지하철에서 좀 자야 비로소 피곤하지 않습니다. 오늘, 지하철에 사람이 많았고, 나는 좌석의 앞쪽에 섰습니다. 두 정거장을 지나고, 내 앞에 앉았던 사람이 일어나서 내리려고 했습니다. 내가 마침 앉으려고 하는데, 갑자기 옆 사람이 밀치고 와서 내 자리를 빼앗아 갔습니다. 또 몇 정거장을 지나 이 사람이 내렸습니다. 나는 마음속으로 드디어 앉아서 잘 수 있겠다고 생각했습니다. 그런데 뜻밖에도 옆에 있는 사람이 전화하고 있었는데, 말하는 소리가 굉장히 크고 시끄러워서 나는 잠을 잘 수 없었습니다. 차에서 내릴 때까지 계속 나는 잠을 자지 못했습니다. 오늘 하루를 어떻게 보내야 할까요?

맛있는 이야기 정답 ➜165쪽

1 ❶ 公司离他家很远。
   ❷ 因为他正要坐时，突然旁边的一个人挤过来，把他的座位抢走了。
   ❸ 旁边的人在打电话，说话声音非常大，吵得他睡不着。

2 ❶ ○ 从我家到公司要九十分钟。
   ❷ × 地铁里人不多，有很多座位可以坐。
   ❸ × 到下车的那站，我一直站着。

맛있는 어법 ➜166~167쪽

1 해석 우리가 마침 외출하려고 할 때, 비가 내렸습니다.
   중작 我正要睡觉的时候，朋友发来短信了。

2 해석 그 소식을 듣고, 그녀의 눈물이 흘러내렸습니다.
   중작 你把上面的东西拿下来吧。

3 해석 바빠서 밥 먹는 것도 잊었습니다.

중작 哭得她眼睛都红了。

연습 문제 ➔168~169쪽

1 참고 답안

❶ 人太多了，恐怕坐不上去，咱们还是
坐下一趟吧。

❷ 停在前边就行，谢谢您！

2 ❶ D ❷ B ❸ A ❹ C

3 ❶ A ❷ D

─ 녹음 원문 🎧 ─

男 大娘，您来这边坐吧。

女 没关系，年轻人，你坐吧。

男 再坐几站，我就要下车了。

女 刚上来就有人让座，真是太谢谢
你了。

男 没什么，这是应该的。

女 你的包这么沉，我帮你拿一会儿
吧。

질문 ① 男的在干什么？

② 关于男的，哪一个是对的？

남 아주머니, 이리 와서 앉으세요.

여 괜찮아요, 젊은이 앉아요.

남 몇 정거장 더 가면 저는 곧 내려요.

여 방금 탔는데 누군가 자리를 양보해 주다니, 정
말 고마워요.

남 뭘요, 당연한 일이지요.

여 가방이 이렇게 무거운데, 내가 좀 들어 줄게요.

질문 ① 남자는 무엇을 하고 있나요?

② 남자에 관해 어느 것이 맞나요?

4 ❶ 我尽量快点儿给你寄过去。

❷ 车堵得厉害，可能要晚到二十分钟。

❸ 旁边的人把我的座位抢走了。

❹ 我终于可以坐下来休息了。

13과 我终于找到工作了！
나는 드디어 취직했어요!

맛있는 회화 ➔172쪽

아메이 나 드디어 취직했어!

동민 그래? 축하해!
네가 전에 말했던 그 회사야?

아메이 맞아. 바로 그 IT회사야.

동민 네가 이렇게 좋은 회사에 취직하니 정말 부럽
다.

아메이 나도 이력서 많이 내고, 면접을 여러 번 보고
나서야 드디어 채용된 거야.

동민 노력은 뜻 있는 사람을 저버리지 않는다더니.
네 노력이 헛되지 않았구나!
어떻게 해야 그렇게 좋은 회사에 들어갈 수
있어?

아메이 동민, 오늘 내가 한턱내고, 겸사겸사 너에게
이 비결을 알려 줄게.

확인 학습 ➔173쪽

1 ① **2** ③

맛있는 듣고 말하기 ➔174~175쪽

STEP1 ❶ D ❷ C ❸ A ❹ B ❺ E

STEP2

❶ 他们在医院工作，孩子们一看到他
们就要哭。

❷ 踢球踢得很好。每次世界杯的时
候，都能看到他们。

❸ 经常带着很多人去旅游。

❹ 整天和学生们在一起。工作的时候
经常站着。

❺ 个子又高，身材又苗条。工作时会
穿很好看的衣服。

① 그들은 병원에서 일해요. 아이들은 그들을 보자마자 울려고 해요.
② 공을 잘 차요. 매번 월드컵 때마다 그들을 볼 수 있어요.
③ 자주 많은 사람들을 데리고 여행을 가요.
④ 하루 종일 학생들과 함께 있어요. 일할 때 자주 서 있어요.
⑤ 키가 크고, 몸매도 날씬해요. 일할 때 예쁜 옷을 입을 수 있어요.

STEP3 [참고 답안]

我最想做一个导游，工作时可以经常去很多地方，给别人介绍风景和文化，很有意思。

맛있는 이야기 해석 ➜176쪽

직장 구하기

곧 대학교 졸업을 앞두고, 나에게 있어서 가장 중요한 일은 바로 직장을 구하는 겁니다. 현재 직장 구하는 경쟁이 굉장히 치열해서 같은 한 일에 석사생, 박사생도 응시하는데, 나는 조금의 우월한 것이 없습니다. 나는 이미 십여 곳의 회사에서 면접을 봤지만, 한 번도 성공하지 못했습니다. 월급이 적은 회사는 내가 가고 싶지 않고, 월급이 많은 회사는 또 나를 마음에 들어 하지 않습니다. 다행히 부모님께서 계속 격려해 주시며, 나에게 조급해하지 말라고 하십니다. 그러나 자기에게 맞고, 대우가 좋은 직장을 구하는 것은 그야말로 너무 어렵습니다. 설마 내가 정말 이런 직장을 못 구할까요?

맛있는 이야기 정답 ➜177쪽

1　① 对他来说，最重要的是找工作。
　　② 因为现在找工作竞争非常激烈，同样一份工作，硕士生、博士生也来应聘。
　　③ 他的父母让他别着急。

2　① ○　我不想找工资少的公司。
　　② ×　我只面试了几家公司。

③ ○　我觉得找一个适合自己的好工作很难。

맛있는 어법 ➜178~179쪽

1　해석 이렇게 싼 물건은 그녀가 분명히 마음에 안 들어 할 겁니다.
　　중작 他的眼光很高，肯定看不上这种累活儿。[또는]
　　他的眼光很高，这种累活儿他肯定看不上。

2　해석 다행히 우산을 가져왔습니다. 안 그랬으면 나는 집에 돌아갈 방법이 없었을 겁니다.
　　중작 幸好你告诉我了，要不我还不知道明天有课。

3　해석 당신은 너무 의심이 많아요. 설마 내가 한 말을 모두 못 믿겠다는 거예요?
　　중작 你难道不认识我吗？我们见过一次面。

연습 문제 ➜180~181쪽

1　[참고 답안]
　　① 可以给人看病，帮助别人。
　　② 教学生知识，每天要说很多话。

2　① C　　② D

　　많은 대학생들이 공무원이 되고 싶어 합니다. 왜냐하면 그들은 공무원이 직업이 안정적이고, 스트레스가 그다지 크지 않고, 대우도 좋다고 생각하기 때문입니다. 공무원 외에, 선생님, 의사도 그들에게 매우 인기가 있습니다. 어떤 직업이든 관계없이 자신에게 맞고, 자신이 좋아하는 것이 가장 중요합니다.

3 ❶ B   ❷ A

─ 녹음 원문 🎧 ─

女　喂，您好。请问贵公司要招人，是吗？

男　是的，您是怎么知道的呢？

女　我在网上看到的。

男　那请您把简历发过来吧。

女　我马上就把简历发过去。

男　如果需要面试，我们会在一个星期后跟您联系。

질문　① 女的是怎么知道要招人的？
　　　② 男的让女的做什么？

──

여　여보세요? 안녕하세요. 실례지만 귀사에서 사람을 뽑는다는데, 그런가요?

남　네, 당신은 어떻게 아셨어요?

여　저는 인터넷에서 봤습니다.

남　그럼 당신은 이력서를 보내 주세요.

여　제가 바로 이력서를 보내겠습니다.

남　만약 면접이 필요하다면, 저희가 일주일 후에 연락을 드릴게요.

질문　① 여자는 사람 뽑는 것을 어떻게 알았나요?
　　　② 남자는 여자에게 무엇을 하라고 하나요?

4 ❶ 真羡慕你找到这么好的工作。

❷ 一起吃顿饭吧，顺便告诉你这个秘诀。

❸ 难道我真的找不到这样的工作吗？

또는

我难道真的找不到这样的工作吗？

❹ 竞争非常激烈，我一点儿优势都没有。

14과　我们收拾行李吧。
우리 짐을 정리해요.

맛있는 회화 ➔184쪽

샤오잉　우리 짐을 정리하자.

동민　좋아. 가져갈 옷은 모두 큰 트렁크에 넣어.

샤오잉　사진기 가져갈 거야, 말 거야?

동민　당연히 가져가야지. 사진기는 트렁크에 넣지 말고, 몸에 지니고 있자.

샤오잉　여권, 비행기표, 지갑 모두 핸드백에 넣어. 내가 보관할게.

동민　너 지난번에 핸드백을 한 번 잃어버린 적 있잖아, 잊었어? 내가 가지고 있는 게 좋겠어.

샤오잉　그래. 핸드백은 너한테 맡기는 것이 비교적 안전하겠다. 나는 늘 잘 잊어버리니까.

동민　좋아. 대부분 준비 다 됐어.

확인 학습 ➔185쪽

1 ②　　2 ①

맛있는 듣고 말하기 ➔186~187쪽

STEP1　❶ B　❷ C　❸ E　❹ A　❺ D

STEP2

❶ A 这次旅游我们应该准备多少钱？
　 B 旅游费用不会超过一万元。

❷ A 这次我们打算去巴厘岛度蜜月。
　 B 是吗? 一定很好玩儿。

❸ A 跟团旅游没什么意思。
　 B 可是跟团旅游比较便宜。

❹ A 这是我第一次出国旅游，有点儿紧张。
　 B 别担心，有什么问题就跟我说。

❺ A 护照和机票都拿好了吗？
　 B 是的，放心吧。

❶ A 이번 여행에서 우리는 얼마를 준비해야 해?

　　B 여행 경비는 1만 위안을 넘지 않을 거야.

❷ A 이번에 우리는 발리 섬에 신혼여행을 갈 계획이야.

　　B 그래? 분명히 재미있겠다.

❸ A 패키지여행은 별로 재미없어.

　　B 하지만 패키지여행이 비교적 싸.

❹ A 이번이 나는 처음 외국 여행을 가는 거여서 좀 떨려.

　　B 걱정하지 마. 무슨 문제가 있으면 바로 나한테 말해.

❺ A 여권하고 비행기표 다 잘 챙겼어?

　　B 응, 안심해.

STEP3 　참고 답안

我第一次出国旅游是去日本，那次是跟团旅游。去日本以前，我很紧张，但是到了以后，我玩儿得很开心。

맛있는 이야기 해석 ➜188쪽

패키지여행 아니면 자유 여행?

　나는 친한 친구 몇 명과 같이 여행을 가려고 합니다. 그들은 너무 바빠서, 나한테 준비하라고 했습니다. 친구가 이번에 전적으로 나만 믿는다고 말했습니다. 내가 여행사에 물어보니 패키지여행이면 호텔, 차, 가이드, 그리고 쇼핑까지 여행사에서 전부 책임지고 안배해서 아주 편합니다. 문제는 자유 활동이 없고, 일체 다 안배에 따라야 된다는 겁니다. 그리고 나서 내가 다시 한번 계산해 보니까, 만약 자유 여행으로 가게 되면 비용이 좀 비쌉니다. 어떤 것을 선택하는 것이 좋을까요? 나는 또 생각해 보니, 비록 자유 여행이 패키지여행만큼 싸지는 않지만, 모처럼 한 번 나갔다 오는 건데, 즐겁고 자유롭게 노는 게 맞습니다. 그럼 자유 여행으로 선택하죠!

맛있는 이야기 정답 ➜189쪽

1 **❶** 因为酒店、车、导游，还有购物，旅行社全都负责安排。

❷ 跟团旅游没有自由活动，一切都得听从安排。

❸ 因为他觉得难得出去一趟，要玩儿得开心、自在才对。

2 **❶** ✕ 跟团旅游很便宜，但不负责安排酒店。

❷ ○ 自助游没有跟团游便宜。

❸ ○ 朋友说这次旅游安排全靠我了。

맛있는 어법 ➜190~191쪽

1 해석 나는 내 자신만 의지할 수밖에 없습니다.

　　중작 成功完全靠自己的努力。

2 해석 홍콩은 시안만큼 재미있지 않아요.

　　중작 跟他一起看电影不如在家看电视。

3 해석 모처럼 한 번 왔는데, 며칠 더 묵으세요.

　　중작 难得出国旅游一次，我们这次就好好儿玩儿吧。

연습 문제 ➜192~193쪽

1 　참고 답안

❶ 我想去美丽的海边，最好能住在岛上。

❷ 放心吧，都在我这儿呢。

2 **❶** C　　　　**❷** D　　　　**❸** A　　　　**❹** B

3 **❶** B　　　　**❷** C

┌─ 녹음 원문 🎧 ─

女　我们怎么去酒店呢？

男　坐机场大巴去酒店吧。

女　太累了，坐出租车吧。

男　出来旅游应该少花点儿钱。要是钱不够了怎么办？

女　好吧，我听你的。

男　那边有机场大巴，我们过去吧。

질문　① 他们决定怎么去酒店？

　　　② 关于男的，哪一个是对的？

여	우리 호텔에 어떻게 가지?
남	공항 버스를 타고 호텔에 가자.
여	너무 피곤해. 택시를 타자.
남	여행하러 나왔으니 돈을 좀 적게 써야 돼. 만약 돈이 부족하면 어떡해?
여	좋아, 네 말을 들을 게.
남	저기 공항 버스가 있다, 우리 건너가자.
질문	① 그들은 호텔에 어떻게 가기로 결정했나요?
	② 남자에 관해 어느 것이 맞나요?

4 ❶ 准备得差不多了，咱们出发吧。

❷ 一切都得听从安排，这样还不如自助游。

❸ 难得出去一趟，要玩儿得开心才对。

❹ 相机不要放到箱子里，随身带着吧。

종합 평가 ➜195~200쪽

1 ❶ ✕　❷ ✕　❸ ○　❹ ○

🎧 녹음 원문

❶ 我昨天参加了小学同学聚会，没想到我的同桌也来了。

★ 他的同桌没来参加聚会。

❷ 明天雾霾很严重，还是呆在家里算了。咱们找一部有意思的电影，看个电影吧。

★ 他们打算去电影院看电影。

❸ 最近我每天早上去培训班，晚上加班，忙死我了。再不好好儿休息，我恐怕就要生病了。

★ 他最近忙得要命。

❹ 小王不光对人很亲切，而且经常帮助别人。我也总是找他帮忙，他一点儿也不觉得麻烦。我很感谢他。

★ 小王经常帮助别人，而且不嫌麻烦。

---

❶ 나는 어제 초등학교 동창 모임에 참가했습니다. 뜻밖에 나의 짝꿍도 왔습니다.

★ 그의 짝꿍은 모임에 참가하지 않았습니다.

❷ 내일은 미세먼지가 심해서 집에 있는 게 좋겠습니다. 우리 재미있는 영화 한 편 찾아서 영화 봅시다.

★ 그들은 영화를 보러 영화관에 갈 계획입니다.

❸ 요즘 나는 매일 아침에는 학원에 가고, 저녁에는 야근해서 바빠 죽겠습니다. 더 이상 잘 쉬지 않으면, 나는 아마 곧 병이 날 겁니다.

★ 그는 요즘 엄청나게 바쁩니다.

❹ 샤오왕은 사람에게 친절할 뿐만 아니라, 게다가 항상 다른 사람을 도와줍니다. 나도 늘 그를 찾아가 도와달라고 합니다. 그는 조금도 귀찮아하지 않습니다. 나는 그에게 매우 감사합니다.

★ 샤오왕은 항상 다른 사람을 도와주고, 게다가 귀찮다고 싫어하지 않습니다.

2 ❶D ❷A ❸C ❹D

❶ 男 这次面试要是没通过怎么办?
　 女 你怕什么? 你准备了那么久, 肯定没问题。
　 질문 女的是什么意思?

❷ 男 我终于考上公务员了。
　 女 恭喜你啊! 功夫不负有心人, 你的努力没有白费。
　 男 谢谢你!
　 질문 关于男的, 可以知道什么?

❸ 男 喂? 你在哪儿呢?
　 女 我正要给你打电话呢。我可能要晚一个小时。
　 男 你也真是的, 怎么现在才说?
　 女 我错了, 你就饶了我吧。
　 男 真拿你没办法。
　 질문 男的是什么语气?

❹ 男 你怎么了? 脸色这么难看。
　 女 我身体不舒服, 头晕, 嗓子也不舒服。
　 男 我看看。哎呀, 你发烧了。吃药了吗?
　 女 没吃。
　 男 你有药吗? 要不我去给你买吧。
　 女 没事儿, 我自己去吧。
　 질문 女的没有什么症状?

❶ 남 이번 면접에서 만약 통과하지 못하면 어떡하지?
　 여 뭘 걱정해? 너는 그렇게 오랫동안 준비했으니까 분명 문제 없을 거야.
　 질문 여자는 무슨 의미인가요?
❷ 남 나는 마침내 공무원 시험에 합격했어.
　 여 축하해! 노력은 뜻 있는 사람을 저버리지 않는다더니, 네 노력이 헛되지 않았구나!
　 남 고마워!
　 질문 남자에 관해 무엇을 알 수 있나요?

❸ 남 여보세요? 너 어디야?
　 여 나는 마침 너한테 전화하려던 참인데. 나 아마 1시간 늦을 것 같아.
　 남 너도 참, 왜 이제야 말하니?
　 여 내가 잘못했어, 너가 나 좀 봐주라.
　 남 정말 너는 어쩔 수가 없구나.
　 질문 남자는 어떤 어투인가요?
❹ 남 너 왜 그래? 안색이 이렇게 안 좋아.
　 여 나는 몸이 좀 안 좋아. 머리가 어지럽고, 목도 안 좋아.
　 남 내가 좀 볼게. 아이고, 너 열이 나. 약은 먹었어?
　 여 안 먹었어.
　 남 너 약은 있니? 아니면 내가 가서 사다 줄게.
　 여 괜찮아, 내가 직접 갈게.
　 질문 여자는 어떤 증상이 없나요?

3 ❶B ❷D ❸B ❹A

★ ①, ②번 문제는 다음 내용에 근거합니다.

　今天我来教大家怎么做炒鸡蛋。先把两三个鸡蛋打碎, 放在碗里, 加一点儿盐。然后把锅加热, 放油。油热了以后, 把鸡蛋放到锅里, 大概炒两分钟就能炒熟。接下来把炒好的鸡蛋盛到盘子里就行了。怎么样? 是不是特别简单?

질문 ① 把打碎的鸡蛋放到碗里以后加什么?
　② 关于炒鸡蛋, 哪个是对的?

★ ③, ④번 문제는 다음 내용에 근거합니다.

　不管是网上买东西, 还是去商店买东西, 我都喜欢。网上买东西除了方便以外, 还很便宜。虽然去商店买东西不如网上方便, 可是有些东西去商店买更好。在商店里我们可以尝尝东西的味道、试穿一下衣服, 然后再决定买还是不买。

질문 ③ 网上买东西有什么好处?
　④ 关于说话人, 可以知道什么?

정답 및 해석

★ ①, ②번 문제는 다음 내용에 근거합니다.

오늘은 제가 여러분에게 계란볶음을 어떻게 만드는지 가르쳐 드리겠습니다. 먼저 두세 개의 계란을 깨서 그릇에 넣고, 소금을 조금 추가합니다. 그런 다음 팬를 가열하고, 기름을 두릅니다. 기름이 뜨거워지고 나면, 계란을 팬에 넣고, 약 2분 정도 볶으면 익습니다. 그다음 다 볶은 계란을 접시에 담으면 됩니다. 어떤가요? 매우 간단하죠?

질문 ①깬 계란을 그릇에 넣은 다음 무엇을 추가하나요?
②계란볶음에 관해 어느 것이 맞나요?

★ ③, ④번 문제는 다음 내용에 근거합니다.

인터넷에서 물건을 사건, 아니면 상점에 가서 물건을 사건, 나는 모두 좋아합니다. 인터넷에서 물건을 사면 편리한 것 외에도, 또 저렴합니다. 비록 상점에 가서 물건을 사는 것은 인터넷만큼 편하진 않지만, 어떤 물건들은 상점에 가서 사는 게 더 좋습니다. 상점에서는 우리가 먹는 음식의 맛을 보고, 옷을 입어 본 다음 다시 살지 안 살지 결정할 수 있습니다.

질문 ③인터넷에서 물건을 사면 어떤 점이 좋나요?
④말하는 사람에 관해 무엇을 알 수 있나요?

4 ❶座 ❷差 ❸副

5 C

6 ❶A ❷B ❸D

7 ❶D ❷B ❸E ❹A ❺C

8 ❶C ❷D ❸D

9 ❶D ❷C ❸B ❹A

10 D

요즘 짧은 동영상이 점점 인기가 있습니다. 많은 짧은 동영상들이 매우 재미있고, 보고 나서 스트레스 없이 편한 느낌이 들게 합니다. 그러나 어떤 사람들은 (보기 시작하면 몇 시간 동안 볼 것입니다). 이러면 시간을 낭비하게 됩니다.

11 ❶B→A→C ❷C→A→B

12 ❶B ❷D

누구를 막론하고, 다 우울할 때가 있을 수 있습니다. 기분이 안 좋을 때, 당신은 어떻게 기분을 좋아지게 할 수 있나요? 많은 사람들이 운동을 선택할 겁니다. 운동이 끝나고 나서 목욕하면, 몸의 긴장이 풀리는 것을 느낄 수 있고, 기분도 좋아집니다. 음악을 듣는 것도 괜찮은 선택입니다. 어떤 사람은 느린 음악이 어울리고, 어떤 사람은 빠른 음악이 어울립니다. 어떤 사람들은 우울할 때 많은 간식을 먹을 겁니다. 그러나 의사가 말하길, 이러면 당신의 기분이 좋아질 수 없을 뿐만 아니라, 당신 몸에도 안 좋다고 합니다.

13 ❶难道你连这个新闻也没听说？
❷他们俩的性格完全不一样。

14 참고 답안

❶我的车坏了，我让哥哥帮我修车。
❷她这次考试没考好，所以很难过。

15 참고 답안

我的姐姐长得很漂亮。她的脸白白的，头发长长的，眼睛大大的，很受欢迎。

찾아보기

자르는 선

찾아보기

최신 개정

맛있는 중국어
Level ⑤ 스피킹

워크북

JRC 중국어연구소 기획·저

맛있는 books

好久不见!
오랜만이네요!

맛있는 단어

1 다음 빈칸을 알맞게 채우세요.

중국어	뜻	중국어	뜻
❶	오랜만이다	顿	❻
❷	옛 모습, 예전 그대로의 모습	急事	❼
打不通	❸	❽	후일, 다른 날
❹	남기다, 물려주다, 전하다	❾	가시는 길이 평안하기를 바랍니다
的话	❺	口音	❿

2 다음 보기 에서 알맞은 표현을 골라 써 보세요.

> 보기 　的话　　一点儿都没　　顿　　留

❶ 你去中国＿＿＿＿＿＿＿，帮我买一本书，好吗？

❷ 什么时候有空？咱们一起吃＿＿＿＿＿＿＿饭。

❸ 今天太忙，我＿＿＿＿＿＿＿吃，现在饿死了。

❹ 这是爷爷＿＿＿＿＿＿＿给我的东西。

3 문장을 듣고 받아쓰기하세요.

Track01

❶ ＿＿＿＿＿＿＿＿＿＿＿＿＿＿＿＿＿＿＿＿＿＿＿＿＿＿＿＿

❷ ＿＿＿＿＿＿＿＿＿＿＿＿＿＿＿＿＿＿＿＿＿＿＿＿＿＿＿＿

❸ ＿＿＿＿＿＿＿＿＿＿＿＿＿＿＿＿＿＿＿＿＿＿＿＿＿＿＿＿

❹ ＿＿＿＿＿＿＿＿＿＿＿＿＿＿＿＿＿＿＿＿＿＿＿＿＿＿＿＿

1 녹음을 듣고 빈칸을 채운 후, 말해 보세요.

东民 好久不见!

阿美 好久不见! ❶＿＿＿＿＿＿＿＿＿＿?

东民 我还是❷＿＿＿＿＿。你最近忙什么呢?

❸＿＿＿＿＿＿＿＿＿＿?

阿美 ❹＿＿＿＿＿＿＿＿。

东民 是这样啊，给我❺＿＿＿＿＿＿＿吧。

阿美 好。有时间的话，❻＿＿＿＿＿＿＿＿。

东民 这个星期我比较忙。

这样吧，下个星期我给你打电话。

阿美 ❼＿＿＿，那我等你的电话。❽＿＿＿＿＿＿。

2 위의 회화를 보고 다음 질문에 중국어로 대답해 보세요.

❶ 东民最近过得怎么样? 🎤 ＿＿＿＿＿＿＿＿＿＿＿＿＿

❷ 阿美的电话为什么打不通? 🎤 ＿＿＿＿＿＿＿＿＿＿＿＿＿

❸ 东民这个星期有空吗? 🎤 ＿＿＿＿＿＿＿＿＿＿＿＿＿

❹ 东民要什么时候联系阿美? 🎤 ＿＿＿＿＿＿＿＿＿＿＿＿＿

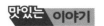

Track03

1 녹음을 듣고 빈칸을 채운 후, 읽어 보세요.

同学会

上个月我❶_____了小学同学会，❷_____了很多老同学。

这次是我小学毕业以后❸_____。❹_____我的同桌

也来了。这么多年没联系了，❺_____，❻_____长

得漂亮了，❼_____性格也活泼了。如果她不介绍自己，我都

❽_____了。

吃饭的时候，我们一边❾_____，一边❿_____

_____。我们好像回到了以前一样。如果能年轻十岁，那多

好啊！

2 제시된 단어를 이용하여 다음 문장을 중국어로 써 보세요.

❶ 지난달에 나는 초등학교 동창회에 참석했습니다. (参加, 同学会)

➡ _____

❷ 이번에 나는 초등학교를 졸업한 후 처음 참석했습니다. (第一次)

➡ _____

❸ 뜻밖에 내 짝꿍도 왔습니다. (没想到)

➡ _____

❹ 그녀는 외모가 예뻐졌을 뿐만 아니라, 게다가 성격도 활발해졌습니다. (不光…而且…)

➡ _____

❺ 만약 그녀가 자기소개를 하지 않았다면, 나도 알아볼 수 없었습니다. (认不出来)

➡ _____

3 다음 질문에 자유롭게 중국어로 말해 보세요.

❶ 请你介绍一下你的同桌。

🎤 _____

❷ 你参加过同学会吗? 如果没有，你想参加吗?

🎤 _____

你平时几点起床?

당신은 평소 몇 시에 일어나요?

맛있는 단어

1 다음 빈칸을 알맞게 채우세요.

중국어	뜻	중국어	뜻
❶	평소, 평상시	❻	고치다, 바꾸다
❷	일어나다, 기상하다	❼	~할 필요 없다
一般	❸	准时	❽
❹	(시간이) 늦다	❾	추가하다, 첨가하다
凌晨	❺	够	❿

2 다음 보기 에서 알맞은 표현을 골라 써 보세요.

> **보기** 锻炼　　改　　够　　好

❶ 一个面包不＿＿＿＿＿＿吃，再来一个吧。

❷ 你应该把这个坏习惯＿＿＿＿＿＿过来。

❸ 明天下不下雨不＿＿＿＿＿＿说。

❹ 奶奶每天早上去公园＿＿＿＿＿＿身体。

3 문장을 듣고 받아쓰기하세요.

Track04

❶ ＿＿＿＿＿＿＿＿＿＿＿＿＿＿＿＿＿＿＿＿

❷ ＿＿＿＿＿＿＿＿＿＿＿＿＿＿＿＿＿＿＿＿

❸ ＿＿＿＿＿＿＿＿＿＿＿＿＿＿＿＿＿＿＿＿

❹ ＿＿＿＿＿＿＿＿＿＿＿＿＿＿＿＿＿＿＿＿

Track05

1 녹음을 듣고 빈칸을 채운 후, 말해 보세요.

小英　你❶＿＿＿＿＿＿＿＿＿＿＿？

东民　一般十点起床。

小英　你❷＿＿＿＿＿＿＿＿哪！

　　　你晚上干什么？

东民　玩儿游戏呀。我经常玩儿❸＿＿＿＿＿＿＿＿＿＿。

小英　这样❹＿＿＿＿＿＿＿不好。你应该❺＿＿＿＿＿＿＿。

东民　❻＿＿＿＿＿＿＿我这样不好？可是我❼＿＿＿＿＿＿＿，不好改。

小英　不好改也得改。你以后上班了怎么办？

东民　如果上班了，我会❽＿＿＿＿＿＿的。你不用担心。

2 위의 회화를 보고 다음 질문에 중국어로 대답해 보세요.

❶ 东民平时几点起床？　　🎤 ＿＿＿＿＿＿＿＿＿＿＿＿＿＿＿

❷ 东民晚上干什么？　　　🎤 ＿＿＿＿＿＿＿＿＿＿＿＿＿＿＿

❸ 小英让东民怎么做？　　🎤 ＿＿＿＿＿＿＿＿＿＿＿＿＿＿＿

❹ 东民觉得晚睡的习惯好改吗？　🎤 ＿＿＿＿＿＿＿＿＿＿＿＿

1 녹음을 듣고 빈칸을 채운 후, 읽어 보세요.

Track06

我的一天

我叫阿美，平时❶_____。❷_____以外，我

都起得很早。每天晚上八点在家吃饭，到了十二点就睡觉。星期天我

一般都会睡懒觉。因为❸_____，❹_____。

我叫东民。我喜欢玩儿游戏。❺_____能玩儿到凌晨两

三点，所以每天起床的❻_____。

我叫小林。❼_____是"很累"。因为我有很多事要做，

上英语培训班、❽_____、出差。唉，我每天❾_____，

❿_____清闲一下呢？

2 제시된 단어를 이용하여 다음 문장을 중국어로 써 보세요.

❶ 일요일을 제외하고, 나는 모두 일찍 일어납니다. (除了…以外)

➡ _____

❷ 일요일마다 나는 보통 늦잠을 잡니다. (睡懒觉)

➡ _____

❸ 놀기 시작하면 새벽 두세 시까지 놀 수 있습니다. (…起来)

➡ _____

❹ 나는 매일 엄청나게 바쁩니다. (要命)

➡ _____

❺ 언제쯤 좀 한가해질 수 있을까요? (清闲)

➡ _____

3 다음 질문에 자유롭게 중국어로 말해 보세요.

❶ 你平时几点起床? 起床后做什么?

🎤 _____

❷ 你觉得生活忙点儿好呢? 还是清闲点儿好呢?

🎤 _____

我看你心情不好。

보아하니 당신은 기분이 좋지 않은 것 같아요.

맛있는 단어

1 다음 빈칸을 알맞게 채우세요.

중국어	뜻	중국어	뜻
❶	심정, 기분, 마음	❻	귀찮다, 짜증 나다, 답답하다
吵架	❷	❼	헤어지다
❸	~를 위해서, ~때문에	❽	긴장되다, 떨리다
难过	❹	身边	❾
试试看	❺	❿	적막하다, 쓸쓸하다

2 다음 보기에서 알맞은 표현을 골라 써 보세요.

> **보기** 怎么回事儿 为了 气 紧张

❶ 他们又吵架了? _____?

❷ 我一考试就_____。

❸ _____能有一个好身体，他每天锻炼。

❹ 你怎么又迟到了? _____死我了。

3 문장을 듣고 받아쓰기하세요.

Track07

❶ _____

❷ _____

❸ _____

❹ _____

Track08

맛있는 회화

1 녹음을 듣고 빈칸을 채운 후, 말해 보세요.

小林 我看你心情不好，怎么了？

小英 我跟男朋友❶＿＿＿＿＿＿＿，

已经一个星期❷＿＿＿＿＿＿＿。

小林 怎么回事儿？

小英 ❸＿＿＿＿＿＿一件小事儿。

不过我❹＿＿＿＿＿＿，不应该跟他❺＿＿＿＿＿＿。

小林 所以你❻＿＿＿＿＿＿啊。你先打电话看看。

他可能等着你的电话呢。

小英 要是他❼＿＿＿＿＿＿＿＿，怎么办？

小林 不会的，你试试看。❽＿＿＿＿＿＿＿＿打电话？

小英 ❾＿＿＿＿＿＿，谢谢。我❿＿＿＿＿＿吧。

2 위의 회화를 보고 다음 질문에 중국어로 대답해 보세요.

❶ 小英为什么心情不好？ 🎤 ＿＿＿＿＿＿＿＿＿＿＿＿

❷ 小英多久没跟男朋友打电话了？ 🎤 ＿＿＿＿＿＿＿＿＿＿＿＿

❸ 小英觉得不应该怎么样？ 🎤 ＿＿＿＿＿＿＿＿＿＿＿＿

❹ 小英担心什么？ 🎤 ＿＿＿＿＿＿＿＿＿＿＿＿

Track09

1 녹음을 듣고 빈칸을 채운 후, 읽어 보세요.

跟郁闷的心情说拜拜!

我最近❶＿＿＿＿＿＿＿。有没有❷＿＿＿＿＿＿＿的方法呢?

跟朋友聊天怎么样? 跟朋友们❸＿＿＿＿＿＿, ❹＿＿＿＿＿

能放松。❺＿＿＿＿＿吃点儿巧克力怎么样? 吃甜食可以改善心情。

❻＿＿＿＿＿? 今天就❼＿＿＿＿减肥了, ❽＿＿＿＿＿＿怎么样?

不行, 不行。那我一个月的努力❾＿＿＿＿＿＿＿。

这个也不行, 那个也不行, 那就来❿＿＿＿＿＿＿——睡觉!

2 제시된 단어를 이용하여 다음 문장을 중국어로 써 보세요.

❶ 기분을 좋아지게 할 방법이 있을까요, 없을까요? (改善)

➡ _____

❷ 친구들과 웃으며 떠들다 보면 아마 긴장이 풀릴지도 모릅니다. (说不定)

➡ _____

❸ 그렇지 않으면 초콜릿을 좀 먹어 보는 것은 어떨까요? (要不)

➡ _____

❹ 그럼 내 한 달간의 노력이 헛수고가 됩니다. (白)

➡ _____

❺ 이것도 안 되고, 저것도 안 됩니다. (行)

➡ _____

3 다음 질문에 자유롭게 중국어로 말해 보세요.

❶ 你什么时候会郁闷?

🎤 _____

❷ 你有什么改善心情的好方法吗?

🎤 _____

吃得太饱了，吃不下了。

너무 배부르게 먹어서 더 못 먹겠어요.

맛있는 단어

1 다음 빈칸을 알맞게 채우세요.

중국어	뜻	중국어	뜻
❶	고기	❻	농담하다, 놀리다
嫩	❷	剩下	❼
❸	(채소나 고기 등이) 쇠다, 굳다	❽	포장하다, 싸서 가져가다
❹	입맛, 식감	❾	소금
❺	무섭다, 걱정하다	❿	짜다

2 다음 보기에서 알맞은 표현을 골라 써 보세요.

보기　　整天　　吃不下　　放　　马上

❶ 我身体很难受，什么也_____。

❷ 太淡了，再_____点儿盐吧。

❸ 弟弟不爱学习，_____玩儿游戏。

❹ 你已经到了? 稍等，我_____就到。

3 문장을 듣고 받아쓰기하세요.

Track10

❶ _____

❷ _____

❸ _____

❹ _____

1 녹음을 듣고 빈칸을 채운 후, 말해 보세요.

Track11

小林 ❶ _____怎么样?

阿美 特别好吃，还是你会点菜。

小林 ❷ _____，

当然知道哪个菜好吃。

阿美 ❸ _____真嫩，口感特别好。

小林 是吧，❹_____。

阿美 吃多了我怕胖。

小林 ❺_____，吃一顿又不会❻_____。

阿美 我❼_____的。我吃得❽_____，吃不下了。

小林 那剩下的打包吧。

2 위의 회화를 보고 다음 질문에 중국어로 대답해 보세요.

❶ 小林为什么知道哪个菜好吃? 🎤 _____

❷ 阿美觉得那个肉怎么样? 🎤 _____

❸ 阿美为什么吃不下了? 🎤 _____

❹ 吃不下剩下的怎么办? 🎤 _____

1 녹음을 듣고 빈칸을 채운 후, 읽어 보세요.

Track12

做个鸡蛋炒饭怎么样?

中午回到家，❶＿＿＿＿＿＿＿＿。打开电饭锅，里边❷＿＿＿＿＿＿

＿＿＿＿＿米饭，可是冰箱里❸＿＿＿＿＿＿＿＿鸡蛋。怎么办呢？对了！

做个❹＿＿＿＿＿＿＿＿怎么样？❺＿＿＿＿＿＿＿＿。

1. 把鸡蛋打碎，❻＿＿＿＿＿＿＿。

2. 把平底锅加热，❼＿＿＿＿＿＿。

3. 把鸡蛋放到锅里，炒一下。

4. 放一点儿盐，鸡蛋炒熟以后，把米饭❽＿＿＿＿＿＿。

5. 炒三分钟左右，❾＿＿＿＿＿＿＿。

6. 把炒饭盛到盘子里。

这样❿＿＿＿＿＿＿＿＿＿的鸡蛋炒饭就做好了！

2 제시된 단어를 이용하여 다음 문장을 중국어로 써 보세요.

❶ 전기밥솥을 열어 보니 안에 밥이 아직 조금 있습니다. (打开, 还有)

➡ _____

❷ 그러나 냉장고에는 단지 계란 몇 개만 있습니다. (只有)

➡ _____

❸ 계란볶음밥을 만들면 어떨까요? 말이 나온 김에 바로 만듭니다. (说…就…)

➡ _____

❹ 계란을 팬에 넣고 잠깐 볶습니다. (把, 锅)

➡ _____

❺ 이러면 간단하기도 하고 맛있기도 한 계란볶음밥이 완성됩니다! (既…又…)

➡ _____

3 다음 질문에 자유롭게 중국어로 말해 보세요.

❶ 你会做什么菜?

🎤 _____

❷ 请介绍一个你吃过的中国菜。

🎤 _____

你猜他多大年纪?

저 분의 연세가 어떻게 되는지 맞혀 볼래요?

맛있는 단어

1 다음 빈칸을 알맞게 채우세요.

중국어	뜻	중국어	뜻
教授	❶	❻	종류, 가지
❷	가리키다	❼	행사, 활동
❸	앞줄	❽	눈[신체]
❹	중간	❾	인기가 있다
眼镜	❺	外貌	❿

2 다음 보기에서 알맞은 표현을 골라 써 보세요.

> 보기 　副　　抽　　套　　时髦

❶ 姐姐喜欢流行文化, 穿得很＿＿＿＿＿＿。

❷ 恭喜你找到工作了! 这＿＿＿＿＿＿西装送给你。

❸ 王教授太忙了, ＿＿＿＿＿＿不出时间过来。

❹ 你这＿＿＿＿＿＿眼镜是新换的吧?

3 문장을 듣고 받아쓰기하세요.

Track13

❶ ＿＿＿＿＿＿＿＿＿＿＿＿＿＿＿＿＿＿＿＿＿

❷ ＿＿＿＿＿＿＿＿＿＿＿＿＿＿＿＿＿＿＿＿＿

❸ ＿＿＿＿＿＿＿＿＿＿＿＿＿＿＿＿＿＿＿＿＿

❹ ＿＿＿＿＿＿＿＿＿＿＿＿＿＿＿＿＿＿＿＿＿

맛있는 회화

1 녹음을 듣고 빈칸을 채운 후, 말해 보세요.

小英　你看见姜文教授了吗?

东民　姜教授也来了? ❶＿＿＿＿＿＿＿?

　　　你指给我看看。

小英　就是那位，坐在前排中间、

　　　戴一副眼镜、穿❷＿＿＿＿＿＿＿的。

东民　他就是姜教授啊。我以前❸＿＿＿＿＿＿＿。

小英　他很少❹＿＿＿＿＿＿＿。因为他太忙了，❺＿＿＿＿＿＿＿。

　　　你猜他多大年纪?

东民　❻＿＿＿＿＿＿＿。

小英　他❼＿＿＿＿＿＿＿。我们过去❽＿＿＿＿＿＿吧。

2 위의 회화를 보고 다음 질문에 중국어로 대답해 보세요.

❶ 姜教授坐在哪儿?　　🎤＿＿＿＿＿＿＿＿＿＿

❷ 姜教授穿着什么衣服?　🎤＿＿＿＿＿＿＿＿＿＿

❸ 姜教授为什么很少参加这种活动? 🎤＿＿＿＿＿＿＿

❹ 姜教授多大年纪?　　🎤＿＿＿＿＿＿＿＿＿＿

1 녹음을 듣고 빈칸을 채운 후, 읽어 보세요.

<h1 style="text-align:center">阿美的前男朋友们</h1>

阿美上大学的时候，很多男生❶_____。

她的第一个男朋友是个❷_____，戴副眼镜，长得斯斯文文的。

她的第二个男朋友，❸_____，长得很帅，也很会

穿衣服。阿美和他一见钟情。但是因为他们❹_____，

所以分手了。

阿美的第三个男朋友对她非常好，经常给她买礼物，请她吃饭。

阿美❺_____他是个好人。可是最后阿美❻_____，

❼_____他是个花心大萝卜。

阿美什么时候才能找到❽_____呢?

2 제시된 단어를 이용하여 다음 문장을 중국어로 써 보세요.

❶ 아메이가 대학교에 다닐 때, 많은 남학생들이 그녀를 쫓아다녔습니다. (追)

➡ _____

❷ 그녀의 첫 번째 남자 친구는 안경을 쓰고, 지적으로 생겼습니다. (戴, 斯斯文文)

➡ _____

❸ 그들은 걸핏하면 싸웠기 때문에, 그래서 헤어졌습니다. (动不动)

➡ _____

❹ 아메이는 원래 그가 좋은 사람이라고 생각했습니다. (本来, 以为)

➡ _____

❺ 그러나 결국 아메이는 그를 차 버렸습니다. 알고 보니 그는 바람둥이였습니다.
(原来, 花心大萝卜)

➡ _____

3 다음 질문에 자유롭게 중국어로 말해 보세요.

❶ 你交过几个男朋友(女朋友)?

🎙 _____

❷ 请介绍一下你最好的朋友。

🎙 _____

你有什么爱好?
당신은 무슨 취미가 있나요?

맛있는 단어

1 다음 빈칸을 알맞게 채우세요.

중국어	뜻	중국어	뜻
❶	심심하다, 따분하다	散步	❻
❷	프로그램	欣赏	❼
❸	선택하다	❽	명절, 경축일
❹	(신문이나 방송 따위의) 뉴스	❾	~가 되다, 맡다, 담당하다
什么的	❺	当地	❿

2 다음 보기에서 알맞은 표현을 골라 써 보세요.

보기	费	辛苦	不如	别人

❶ 我喜欢去旅游，但是旅游很_____钱。

❷ 在家做饭_____去外边吃。

❸ 你找_____吧，我今天去不了。

❹ 他每天工作十几个小时，很_____。

3 문장을 듣고 받아쓰기하세요.

Track16

❶ _____

❷ _____

❸ _____

❹ _____

Track17

1 녹음을 듣고 빈칸을 채운 후, 말해 보세요.

小林　你有什么爱好?

阿美　我呀，没什么特别的,

　　　❶＿＿＿＿＿＿＿＿!

小林　❷＿＿＿＿＿＿看电视了,

　　　有什么好看的? ❸＿＿＿＿＿＿。

阿美　有很多节目❹＿＿＿＿＿＿，电影、娱乐、新闻节目❺＿＿＿＿＿。

小林　看电视❻＿＿＿＿睡一会儿觉。

　　　今天天气好，我们❼＿＿＿＿＿＿，怎么样?

阿美　你找别人吧。一会儿有我喜欢的节目。

小林　那你❽＿＿＿＿＿＿你喜欢的节目吧。

2 위의 회화를 보고 다음 질문에 중국어로 대답해 보세요.

❶ 阿美有什么爱好? 🎤 ＿＿＿＿＿＿＿＿＿＿

❷ 小林觉得阿美的爱好怎么样? 🎤 ＿＿＿＿＿＿＿＿＿＿

❸ 小林觉得看电视不如做什么? 🎤 ＿＿＿＿＿＿＿＿＿＿

❹ 阿美为什么不跟小林去散步? 🎤 ＿＿＿＿＿＿＿＿＿＿

Track18

1 녹음을 듣고 빈칸을 채운 후, 읽어 보세요.

健身很重要

以前上大学的时候，我❶＿＿＿＿＿＿＿＿＿＿＿，每个星期❷＿＿＿＿

＿＿＿＿＿＿。那时我的身体很健康，每天都有活力。❸＿＿＿＿＿＿健

身是我最大的快乐。工作以后，我平时下班晚，❹＿＿＿＿＿＿去健身

房；周末又想睡懒觉、见朋友，也没时间运动。不到半年，我❺＿＿＿＿

＿＿＿＿＿＿＿，也不像以前❻＿＿＿＿＿＿＿＿了，经常感觉很累。

❼＿＿＿＿＿＿＿＿＿，❽＿＿＿＿＿＿＿。从今天开始，我要❾＿＿＿＿

＿＿＿，希望半年以后，我能变回❿＿＿＿＿＿＿＿。

2 제시된 단어를 이용하여 다음 문장을 중국어로 써 보세요.

❶ 그때 내 몸은 매우 건강하고, 매일 활력이 넘쳤습니다. (活力)

➡ _____

❷ 신체를 건강하게 하는 것이 나의 가장 큰 기쁨이었다고 말할 수 있죠. (健身)

➡ _____

❸ 나는 평소에 늦게 퇴근해서 헬스장에 가기 귀찮습니다. (懒得)

➡ _____

❹ 반년이 채 안 돼서, 나는 뚱뚱해졌습니다. (变)

➡ _____

❺ 오늘부터 시작해서 나는 운동(锻炼)을 지속할 겁니다. (从…开始)

➡ _____

3 다음 질문에 자유롭게 중국어로 말해 보세요.

❶ 你去健身房吗？一周去几次？

🎤 _____

❷ 除了去健身房以外，还有什么锻炼身体的好方法？

🎤 _____

这次饶了我吧。

이번에는 나 좀 봐줘요.

맛있는 단어

1 다음 빈칸을 알맞게 채우세요.

중국어	뜻	중국어	뜻
❶	완비하다, 완전히 갖추다	❻	용서하다, 관용하다, 봐주다
❷	모임, 회합	不见不散	❼
❸	고장이 나다	定	❽
动	❹	❾	(시간, 약속 등을) 지키다, 준수하다
❺	정말, 참	取消	❿

2 다음 보기 에서 알맞은 표현을 골라 써 보세요.

> 보기　齐　　出故障　　不见不散　　取消

❶ 今天早上地铁＿＿＿＿＿了，我又迟到了。

❷ 大家都到＿＿＿＿＿了，咱们出发吧。

❸ 明天在麦当劳门口见，＿＿＿＿＿！

❹ 今天的约会＿＿＿＿＿了，所以我就回家了。

3 문장을 듣고 받아쓰기하세요.

Track19

❶ ＿＿＿＿＿＿＿＿＿＿＿＿＿＿＿＿＿＿＿＿＿＿＿

❷ ＿＿＿＿＿＿＿＿＿＿＿＿＿＿＿＿＿＿＿＿＿＿＿

❸ ＿＿＿＿＿＿＿＿＿＿＿＿＿＿＿＿＿＿＿＿＿＿＿

❹ ＿＿＿＿＿＿＿＿＿＿＿＿＿＿＿＿＿＿＿＿＿＿＿

맛있는 회화

1 녹음을 듣고 빈칸을 채운 후, 말해 보세요.

东民 喂？阿美，大家❶＿＿＿＿＿＿吗？

阿美 都到齐了，就差你了。

我们❷＿＿＿＿＿＿。

东民 这次聚会，❸＿＿＿＿＿＿，

真对不起大家。

阿美 怎么了？你在哪儿呢？

东民 我在地铁里呢。地铁❹＿＿＿＿＿，

我等了❺＿＿＿＿＿，❻＿＿＿＿＿＿。

阿美 你也真是的，❼＿＿＿＿＿＿打电话？

东民 不好意思，这次❽＿＿＿＿＿吧。

2 위의 회화를 보고 다음 질문에 중국어로 대답해 보세요.

❶ 参加聚会的人都到齐了吗？　🎤 ＿＿＿＿＿＿＿＿＿＿＿＿

❷ 东民为什么给阿美打电话？　🎤 ＿＿＿＿＿＿＿＿＿＿＿＿

❸ 东民现在在哪儿呢？　🎤 ＿＿＿＿＿＿＿＿＿＿＿＿

❹ 东民坐的地铁怎么了？　🎤 ＿＿＿＿＿＿＿＿＿＿＿＿

1 녹음을 듣고 빈칸을 채운 후, 읽어 보세요.

相亲

今天小林❶＿＿＿＿＿＿＿＿＿，路上碰到一个女孩儿车坏了，

❷＿＿＿＿＿＿＿＿。小林会修车，于是他下车帮女孩儿修，❸＿＿＿＿

＿＿＿＿＿，但是他一点儿也❹＿＿＿＿＿＿。马上就要到约会时

间了，小林觉得❺＿＿＿＿＿，就给相亲的女孩儿打了个电话，

还❻＿＿＿＿＿＿＿＿。到了❼＿＿＿＿＿＿＿，小林发现

刚才碰到的那个女孩儿就坐在那里，他们都❽＿＿＿＿＿。两个人

❾＿＿＿＿＿＿，而且觉得很有缘分。后来他们俩❿＿＿＿＿＿。

2 제시된 단어를 이용하여 다음 문장을 중국어로 써 보세요.

❶ 길에서 한 여자아이가 차가 고장 난 것을 봤습니다. (碰到)

➡ _____

❷ 샤오린은 차를 수리할 수 있어서, 차에서 내려 그 여자아이를 도와 수리해 주었습니다.
   (修, 于是)

➡ _____

❸ 그는 번거로운 것을 조금도 싫어하지 않았습니다. (嫌)

➡ _____

❹ 곧 약속 시간이 다가오는데, 샤오린은 늦을 것이라는 생각이 들었습니다. (来不及)

➡ _____

❺ 두 사람은 이야기를 할수록 점점 더 말이 잘 통했고, 인연이 있다고 생각했습니다.
   (越…越…, 投机)

➡ _____

3 다음 질문에 자유롭게 중국어로 말해 보세요.

❶ 你相过亲吗? 你喜欢相亲吗?

🎤 _____

❷ 你帮助过别人吗? 如果帮助过, 帮助别人做什么了?

🎤 _____

听说明天雾霾很严重。

듣자 하니 내일 미세먼저가 심하대요.

맛있는 **단어**

1 다음 빈칸을 알맞게 채우세요.

중국어	뜻	중국어	뜻
❶	중대하다, 심각하다	订	❻
可怕	❷	❼	환불하다, 무르다
❸	~하는 것이 좋다	口罩	❽
❹	머무르다	❾	기온
❺	뮤지컬	温差	❿

2 다음 보기 에서 알맞은 표현을 골라 써 보세요.

> 보기   凉   退   严重   屋

❶ 秋天早上天气很_____，白天很热。

❷ 听说他被车撞了，_____吗?

❸ 外面太冷了，快进_____来。

❹ 昨天买的这双鞋穿起来不舒服，_____了吧。

3 문장을 듣고 받아쓰기하세요.

Track22

❶ _____

❷ _____

❸ _____

❹ _____

1 녹음을 듣고 빈칸을 채운 후, 말해 보세요.

Track23

东民 听说明天雾霾很严重。

小英 是吗? 雾霾❶＿＿＿＿＿＿＿。

明天最好别出去了,

还是❷＿＿＿＿＿＿＿。

东民 ❸＿＿＿＿＿明天一起去❹＿＿＿＿＿＿?

票都订好了。

小英 是啊，那怎么办? ❺＿＿＿＿＿＿＿＿, ❻＿＿＿＿＿再去吧。

东民 ❼＿＿＿＿＿＿? 戴上口罩就没事了。

我们很长时间没去看音乐剧了, ❽＿＿＿＿＿＿。

小英 那就听你的。

2 위의 회화를 보고 다음 질문에 중국어로 대답해 보세요.

❶ 明天天气怎么样? 🎤 ＿＿＿＿＿＿＿＿＿＿＿

❷ 他们原来计划明天做什么? 🎤 ＿＿＿＿＿＿＿＿＿＿＿

❸ 东民觉得怎么做就没事了? 🎤 ＿＿＿＿＿＿＿＿＿＿＿

❹ 你觉得谁更想去看音乐剧? 🎤 ＿＿＿＿＿＿＿＿＿＿＿

1 녹음을 듣고 빈칸을 채운 후, 읽어 보세요.

Track24

我的计划表

今天星期天，我看了下个星期的❶_____，做了一个

❷_____。

星期一，❸_____，是个洗衣服的好天气。星期二，下午有

阵雨，一定要❹_____。上次我忘了带雨伞，回家时，我都

❺_____。这次不能再忘了。星期三，哎呀，有沙尘暴。沙

尘暴真可怕，❻_____口罩出门。星期四，又下雨，❼_____

_____。对了，在家里做煎饼吃，请几个朋友来我家，给他

们❽_____。星期五，雨后转晴。我❾_____，从图书馆

借来的书，这一天❿_____，该还了。

2 제시된 단어를 이용하여 다음 문장을 중국어로 써 보세요.

❶ 월요일, 날씨 맑음, 빨래하기 좋은 날씨입니다. (晴)

➡ _____

❷ 이번에는 또다시 잊으면 안 됩니다. (不能再…了)

➡ _____

❸ 보아하니 마스크를 쓰고 외출해야겠습니다. (看来)

➡ _____

❹ 목요일, 또 비가 와서, 집에 있으면 됩니다. (算了)

➡ _____

❺ 나는 하마터면 잊을 뻔했는데, 도서관에서 빌려 온 책이 이날 만기일입니다. (差点儿)

➡ _____

3 다음 질문에 자유롭게 중국어로 말해 보세요.

❶ 你被雨淋过吗?

🎤 _____

❷ 你喜欢下雨天还是下雪天?

🎤 _____

花钱容易挣钱难啊!
돈을 쓰기는 쉽지만 벌기는 어려워요!

맛있는 단어

1 다음 빈칸을 알맞게 채우세요.

중국어	뜻	중국어	뜻
❶	~와 마주하고서, ~를 향하여	透支	❻
台历	❷	❼	필요하다
❸	멍하다, 넋을 놓고 있다	❽	모양, 디자인, 스타일
数(shǔ)	❹	脏	❾
❺	월급을 주다	老板	❿

2 다음 보기 에서 알맞은 표현을 골라 써 보세요.

보기	挣	号	数	需要

❶ 你穿多大＿＿＿＿＿＿的衣服?

❷ 教室里一共有多少人? 你帮我＿＿＿＿＿＿一下。

❸ 对不起，我不＿＿＿＿＿＿你的帮助。

❹ 工作怎么样? 一个月能＿＿＿＿＿＿多少钱?

3 문장을 듣고 받아쓰기하세요.

Track25

❶ ＿＿＿＿＿＿＿＿＿＿＿＿＿＿＿＿＿＿＿＿＿＿＿＿

❷ ＿＿＿＿＿＿＿＿＿＿＿＿＿＿＿＿＿＿＿＿＿＿＿＿

❸ ＿＿＿＿＿＿＿＿＿＿＿＿＿＿＿＿＿＿＿＿＿＿＿＿

❹ ＿＿＿＿＿＿＿＿＿＿＿＿＿＿＿＿＿＿＿＿＿＿＿＿

1 녹음을 듣고 빈칸을 채운 후, 말해 보세요.

Track26

小林 对着台历❶_____呀?

妹妹 我在❷_____发工资。

小林 怎么？又透支啦?

妹妹 快了。

小林 ❸_____，真拿你没办法。

妹妹 ❹_____啊!

小林 现在才知道呀？那平时别❺_____的。

妹妹 好了，以后❻_____。哥，你能不能❼_____?

小林 你需要多少?

妹妹 五百。我一拿到工资❽_____，谢谢哥!

2 위의 회화를 보고 다음 질문에 중국어로 대답해 보세요.

❶ 妹妹在数什么呢? 🎤 _____

❷ 妹妹觉得挣钱容易吗? 🎤 _____

❸ 小林让妹妹平时别怎么样? 🎤 _____

❹ 妹妹向小林借多少钱? 🎤 _____

1 녹음을 듣고 빈칸을 채운 후, 읽어 보세요.

购物狂的烦恼

我非常喜欢买东西。不管是❶_____，还是❷_____，我都喜欢。

虽然❸_____，可是花钱的地方❹_____。我一看见喜欢的东西就要买。我认为挣钱❺_____享受，不想只是❻_____地挣钱。可是最近❼_____，我的信用卡❽_____。这该怎么办呢?

今天我在网上看到了一本书，❾_____《月光族如何理财》。我非常❿_____。

2 제시된 단어를 이용하여 다음 문장을 중국어로 써 보세요.

❶ 쇼핑하러 다니건, 아니면 인터넷에서 물건을 사건, 나는 다 좋아합니다. (不管…都…)

➡ _____

❷ 비록 월급은 많지 않지만, 돈을 쓰는 곳은 오히려 많습니다. (虽然…可是…)

➡ _____

❸ 나는 돈을 버는 것은 누리기 위해서라고 생각합니다. (是为了)

➡ _____

❹ 최근에 문제가 좀 생겼습니다. 내 신용 카드가 정지되었습니다. (麻烦, 被)

➡ _____

❺ 오늘 나는 인터넷에서 책 한 권을 봤습니다. 나는 이 책이 굉장히 필요합니다. (需要)

➡ _____

3 다음 질문에 자유롭게 중국어로 말해 보세요.

❶ 你是个月光族吗?

🎤 _____

❷ 你喜欢用信用卡吗?

🎤 _____

你哪儿不舒服?

당신은 어디가 불편하세요?

맛있는 단어

1 다음 빈칸을 알맞게 채우세요.

중국어	뜻	중국어	뜻
❶	위[신체]	❻	검사, 검사하다
❷	메스껍다, 구역질이 나다	❼	잘 수 없다, 잠들지 못하다
症状	❸	❽	머리가 어지럽다, 현기증이 나다
胃炎	❹	嗓子	❾
胃镜	❺	❿	열이 나다

2 다음 보기에서 알맞은 표현을 골라 써 보세요.

보기	犯　　流鼻涕　　检查　　病

❶ 我今天陪奶奶去医院做＿＿＿＿＿＿了。

❷ 我的胃炎又＿＿＿＿＿＿了。

❸ 他除了＿＿＿＿＿＿，没有别的症状。

❹ 他＿＿＿＿＿＿得很严重，今天上不了班了。

3 문장을 듣고 받아쓰기하세요.

Track28

❶ ＿＿＿＿＿＿＿＿＿＿＿＿＿＿＿＿＿＿＿＿＿＿＿＿

❷ ＿＿＿＿＿＿＿＿＿＿＿＿＿＿＿＿＿＿＿＿＿＿＿＿

❸ ＿＿＿＿＿＿＿＿＿＿＿＿＿＿＿＿＿＿＿＿＿＿＿＿

❹ ＿＿＿＿＿＿＿＿＿＿＿＿＿＿＿＿＿＿＿＿＿＿＿＿

Track29

1 녹음을 듣고 빈칸을 채운 후, 말해 보세요.

医生 你哪儿不舒服?

东民 大夫，我最近❶_____,

　　　而且❷_____。

医生 没有别的症状吗?

东民 ❸_____。

医生 什么时候开始的? 以前有胃病史吗?

东民 以前没有，❹_____开始的。

医生 平时吃早饭吗?

东民 学校❺_____，没有时间吃早饭。

医生 ❻_____，早上空着肚子很不好。

　　　❼_____是胃炎，去做个❽_____吧。

2 위의 회화를 보고 다음 질문에 중국어로 대답해 보세요.

❶ 东民有什么症状?　　　　　🎤_____

❷ 东民什么时候开始胃疼的?　🎤_____

❸ 东民为什么不吃早饭?　　　🎤_____

❹ 医生让东民怎么做?　　　　🎤_____

1 녹음을 듣고 빈칸을 채운 후, 읽어 보세요.

拔牙记

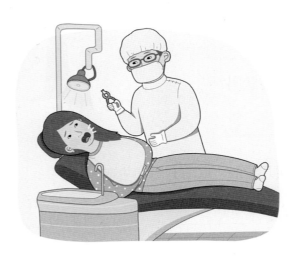

我的智齿❶＿＿＿＿＿，疼得非常厉害，这几天晚上❷＿＿＿＿＿。

以前也发炎过，医生❸＿＿＿＿＿＿＿。可是❹＿＿＿＿＿，就没拔，只

吃了一些消炎药。这次❺＿＿＿＿＿＿了，❻＿＿＿＿＿＿不可了。

　　我去了牙科医院，医生给我打了麻醉药，然后用了十几分钟就

把智齿拔掉了。原来拔牙❼＿＿＿＿＿＿＿那么疼，以前真是

❽＿＿＿＿＿＿。拔掉了智齿，牙就不会再疼了。我❾＿＿＿＿＿＿

＿＿＿＿＿拔牙。

2 제시된 단어를 이용하여 다음 문장을 중국어로 써 보세요.

❶ 요 며칠 밤에 잠을 못 잤습니다. (睡不着)

➡ _____

❷ 의사 선생님이 나에게 그것을 뽑아 버리라고 했습니다. (让, 掉)

➡ _____

❸ 이번에는 아파서 참을 수가 없었습니다. 그것을 뽑아 버리지 않으면 안 됐습니다.
(得受不了, 非…不可)

➡ _____

❹ 알고 보니 이를 뽑는 게 결코 상상만큼 그렇게 아프지는 않았습니다. 예전에 정말 괜히
걱정했습니다. (并, 白)

➡ _____

❺ 나는 좀 일찍 이를 뽑지 않은 것을 정말 후회합니다. (后悔)

➡ _____

3 다음 질문에 자유롭게 중국어로 말해 보세요.

❶ 你牙疼过吗?

🎤 _____

❷ 如果长智齿了，你会去拔掉它吗?

🎤 _____

你又得了奖学金。
당신은 또 장학금을 받았군요.

맛있는 단어

1 다음 빈칸을 알맞게 채우세요.

중국어	뜻	중국어	뜻
❶	얻다, 획득하다	❻	비결
奖学金	❷	❼	필기
❸	대단하다, 능력이 있다, ~해도 된다	❽	(한 말을) 책임지다, (유효하다고) 인정하다
谦虚	❹	论文	❾
骄傲	❺	❿	통과하다

2 다음 보기에서 알맞은 표현을 골라 써 보세요.

> 보기   泡   砸   得   算数

❶ 他学习特别好，每次都能＿＿＿＿＿＿奖学金。

❷ 这次考试又考＿＿＿＿＿＿了。

❸ 为了写好论文，他每天＿＿＿＿＿＿在图书馆。

❹ 这是真的吗? 你说话＿＿＿＿＿＿。

3 문장을 듣고 받아쓰기하세요.

Track31

❶ ＿＿＿＿＿＿＿＿＿＿＿＿＿＿＿＿＿＿＿

❷ ＿＿＿＿＿＿＿＿＿＿＿＿＿＿＿＿＿＿＿

❸ ＿＿＿＿＿＿＿＿＿＿＿＿＿＿＿＿＿＿＿

❹ ＿＿＿＿＿＿＿＿＿＿＿＿＿＿＿＿＿＿＿

1 녹음을 듣고 빈칸을 채운 후, 말해 보세요.

Track32

阿美 听说你❶＿＿＿＿＿＿＿＿＿＿，

你真行啊！

东民 哪儿啊，是我运气好。

阿美 你别谦虚了。

你怎么每次都能得奖学金？❷＿＿＿＿＿＿＿＿吗？

东民 ❸＿＿＿＿＿＿，❹＿＿＿＿好好儿上课，❺＿＿＿＿＿＿＿＿。

阿美 把你的笔记借给我看看，可以吗？

东民 可以。

阿美 这次的奖学金，你❻＿＿＿＿＿＿＿呀？

东民 我先❼＿＿＿＿＿＿＿吧。

阿美 你❽＿＿＿＿＿。我要吃非常贵的。

2 위의 회화를 보고 다음 질문에 중국어로 대답해 보세요.

❶ 东民是一个骄傲的人吗？ 🎤 ＿＿＿＿＿＿＿＿＿＿＿＿＿

❷ 东民每次得奖学金的秘诀是什么？🎤 ＿＿＿＿＿＿＿＿＿＿＿＿＿

❸ 阿美向东民借什么？ 🎤 ＿＿＿＿＿＿＿＿＿＿＿＿＿

❹ 东民要用奖学金做什么？ 🎤 ＿＿＿＿＿＿＿＿＿＿＿＿＿

Track33

1 녹음을 듣고 빈칸을 채운 후, 읽어 보세요.

考砸了

这次《音乐和心理学》的考试，❶＿＿＿＿＿＿＿＿＿＿。

同学们都说《音乐和心理学》❷＿＿＿＿＿＿＿＿＿＿＿，所以选

课的时候，我❸＿＿＿＿＿＿这门。而且考试以前，我❹＿＿＿＿＿

＿＿＿＿弄到了复习资料，心想这次考试❺＿＿＿＿＿＿＿＿＿＿吧。

糟糕！考试那天我❻＿＿＿＿＿＿＿，而且考试题和复习资料

❼＿＿＿＿＿＿＿，我❽＿＿＿＿＿＿不会做。❾＿＿＿＿＿看了

那么久，还累得要命。今天考试❿＿＿＿＿＿＿＿。唉！我不及格。

2 제시된 단어를 이용하여 다음 문장을 중국어로 써 보세요.

❶ 시험 보기 전에 나는 간신히 복습할 자료를 구했습니다. (好不容易)

➡ _____

❷ 마음속으로 이번 시험에 불합격까지는 아니겠지라고 생각했습니다. (不至于)

➡ _____

❸ 시험 당일 날 나는 하필 감기에 걸렸습니다. (偏偏)

➡ _____

❹ 시험 문제와 복습한 자료가 완전 다릅니다. (完全)

➡ _____

❺ 괜히 밤새며 그렇게 오래 봐서 너무 피곤합니다. (…得要命)

➡ _____

3 다음 질문에 자유롭게 중국어로 말해 보세요.

❶ 你考试考砸过吗?

🎤 _____

❷ 考试前, 你一般怎么复习?

🎤 _____

맛있는 단어

1 다음 빈칸을 알맞게 채우세요.

중국어	뜻	중국어	뜻
❶	기사, 운전사	❻	면접, 면접을 보다
高峰时间	❷	❼	가능한 한, 되도록, 될 수 있는 한
❸	좁은 길, 작은 길	❽	데려다 주다, 보내다
绕远(儿)	❹	座位	❾
❺	단지 ~하기만 하면	趟	❿

2 다음 보기에서 알맞은 표현을 골라 써 보세요.

> 보기　　小路　　趟　　接　　只要

❶ _____你喜欢，我就开心。

❷ 你明天几点下飞机? 我去_____你。

❸ 别走_____，还是走大路吧。

❹ 我一直肚子疼，今天去了三_____洗手间。

3 문장을 듣고 받아쓰기하세요.

Track34

❶ _____

❷ _____

❸ _____

❹ _____

Track35

1 녹음을 듣고 빈칸을 채운 후, 말해 보세요.

小英　师傅，什么时候能到啊?

　　　我有急事。

司机　这个不好说，现在是❶＿＿＿＿＿＿，

　　　车堵得太厉害。

小英　❷＿＿＿＿＿＿＿＿怎么样?

司机　❸＿＿＿＿＿＿＿，没关系吗?

小英　❹＿＿＿＿能快点儿❺＿＿＿＿，今天我要参加面试。

司机　这样啊。那好，❻＿＿＿＿＿＿吧。

　　　我❼＿＿＿＿＿把你❽＿＿＿＿＿。

2 위의 회화를 보고 다음 질문에 중국어로 대답해 보세요.

❶ 现在为什么堵得很厉害?　　🎤 ＿＿＿＿＿＿＿＿＿＿＿＿

❷ 小英让司机怎么走?　　　　🎤 ＿＿＿＿＿＿＿＿＿＿＿＿

❸ 走小路会怎么样?　　　　　🎤 ＿＿＿＿＿＿＿＿＿＿＿＿

❹ 小英为什么让司机快点儿?　🎤 ＿＿＿＿＿＿＿＿＿＿＿＿

1 녹음을 듣고 빈칸을 채운 후, 읽어 보세요.

Track36

地铁上的经历

我家离公司很远，坐地铁要一个半小时。我每天起得很早，

❶ _____在地铁里睡一会儿，❷ _____。今天，地

铁里人也很多，我站在座位的前边。❸ _____，坐在我前边

的人❹ _____。❺ _____，突然旁边的一个

人❻ _____，把我的座位❼ _____。又过了几站，这个人下车了。

我心想终于❽ _____睡觉了，没想到旁边的人在打电话，

说话声音非常大，❾ _____我睡不着。一直到下车，我都没有睡

着，今天一天❿ _____呀?

2 제시된 단어를 이용하여 다음 문장을 중국어로 써 보세요.

❶ 나는 매일 일찍 일어나서 지하철에서 좀 자야 비로소 피곤하지 않습니다. (只有…才)

➡ _____

❷ 내 앞에 앉았던 사람이 일어나서 내리려고 했습니다. (起来)

➡ _____

❸ 내가 마침 앉으려고 하는데, 갑자기 옆 사람이 밀치고 왔습니다. (正要, 过来)

➡ _____

❹ 나는 마음속으로 드디어 앉아서 잘 수 있겠다고 생각했습니다. (终于, 下来)

➡ _____

❺ 말하는 소리가 굉장히 크고 시끄러워서 나는 잠을 잘 수 없었습니다. (得)

➡ _____

3 다음 질문에 자유롭게 중국어로 말해 보세요.

❶ 你平时出门时坐什么车?

🎤 _____

❷ 你会在车里睡觉吗?

🎤 _____

我终于找到工作了！

나는 드디어 취직했어요!

맛있는 단어

1 다음 빈칸을 알맞게 채우세요.

중국어	뜻	중국어	뜻
羡慕	❶	功夫不负有心人	❻
投简历	❷	❼	~하는 김에, 겸사겸사
❸	던지다, 투입하다, (편지나 원고 등을) 보내다	❽	울다
❹	이력서	❾	몸매, 체격
录用	❺	苗条	❿

2 다음 보기 에서 알맞은 표현을 골라 써 보세요.

보기	羡慕　　顺便　　身材　　投

❶ 他的工作很轻松，工资又高，真让人_____。

❷ 他运动了一年多，_____变好了。

❸ 你下楼的时候，_____把垃圾扔了。

❹ 我往那家公司_____简历了。

Track37

3 문장을 듣고 받아쓰기하세요.

❶ _____

❷ _____

❸ _____

❹ _____

맛있는 회화

1 녹음을 듣고 빈칸을 채운 후, 말해 보세요.

Track38

阿美 我终于找到工作了！

东民 是吗？恭喜你啊，

是❶＿＿＿＿＿那家公司吗？

阿美 对，❷＿＿＿＿＿IT公司。

东民 真羡慕你找到这么好的工作。

阿美 我也是投了❸＿＿＿＿＿、❹＿＿＿＿＿＿，

才终于❺＿＿＿＿的。

东民 ❻＿＿＿＿＿＿＿＿，你的努力没有白费啊！

怎么❼＿＿＿＿那么好的公司呢？

阿美 东民，今天我请客，❽＿＿＿＿＿＿这个秘诀。

2 위의 회화를 보고 다음 질문에 중국어로 대답해 보세요.

❶ 阿美被什么公司录用了？ 🎤 ＿＿＿＿＿＿＿＿＿＿

❷ 阿美找到工作后，东民心情怎么样？ 🎤 ＿＿＿＿＿＿＿＿＿

❸ 为了找到工作，阿美做了哪些努力？ 🎤 ＿＿＿＿＿＿＿＿＿

❹ 阿美要什么时候告诉东民那个秘诀？ 🎤 ＿＿＿＿＿＿＿＿＿

1 녹음을 듣고 빈칸을 채운 후, 읽어 보세요.

找工作

大学快毕业了，对我来说，❶＿＿＿＿＿＿＿事情就是找工作。

现在找工作❷＿＿＿＿＿＿＿，❸＿＿＿＿＿＿＿，

硕士生、博士生也来应聘，我❹＿＿＿＿＿＿＿都没有。我已经

❺＿＿＿＿＿＿＿公司，一次也没成功。工资少的公司，我不

想去；工资高的公司❻＿＿＿＿＿＿＿。幸好父母❼＿＿＿＿＿＿＿，

让我❽＿＿＿＿＿＿＿。可是找一个❾＿＿＿＿＿＿＿、待遇好的工作

❿＿＿＿＿＿＿！难道我真的找不到这样的工作吗?

2 제시된 단어를 이용하여 다음 문장을 중국어로 써 보세요.

❶ 나에게 있어서 가장 중요한 일은 바로 직장을 구하는 겁니다. (对…来说)

➡ _____

❷ 현재 직장 구하는 경쟁이 굉장히 치열합니다. (竞争)

➡ _____

❸ 월급이 적은 회사는 내가 가고 싶지 않고, 월급이 많은 회사는 또 나를 마음에 들어 하지 않습니다. (看不上)

➡ _____

❹ 다행히 부모님께서 계속 격려해 주시며, 나에게 조급해하지 말라고 하십니다. (幸好)

➡ _____

❺ 설마 내가 정말 이런 직장을 못 구할까요? (难道)

➡ _____

3 다음 질문에 자유롭게 중국어로 말해 보세요.

❶ 你觉得找工作的时候，硕士生比大学生更有优势吗?

🎤 _____

❷ 在韩国，大学生找工作容易吗?

🎤 _____

我们收拾行李吧。

우리 짐을 정리해요.

맛있는 **단어**

1 다음 빈칸을 알맞게 채우세요.

중국어	뜻	중국어	뜻
❶	여행용 가방, 트렁크	❻	보관하다
相机	❷	总是	❼
❸	몸에 지니다, 휴대하다	费用	❽
手提包	❹	❾	초과하다
安全	❺	❿	신혼여행을 가다

2 다음 보기 에서 알맞은 표현을 골라 써 보세요.

> 보기   超过   总是   差不多   机票

❶ 去首尔的_____都卖光了。

❷ 这次旅行我花得不多，没_____一万块钱。

❸ 约会的时候，他_____迟到!

❹ 今天的工作都做得_____了，大家下班吧。

3 문장을 듣고 받아쓰기하세요.

Track40

❶ _____

❷ _____

❸ _____

❹ _____

Track41

1 녹음을 듣고 빈칸을 채운 후, 말해 보세요.

小英　我们收拾行李吧。

东民　好，❶＿＿＿＿＿＿＿都放到

大旅行箱里。

小英　要不要带上相机?

东民　❷＿＿＿＿＿＿＿＿。

相机不要放到箱子里，❸＿＿＿＿＿＿＿。

小英　护照、机票、钱包❹＿＿＿＿＿＿＿。❺＿＿＿＿＿＿＿。

东民　你上次❻＿＿＿＿＿手提包，忘了? 还是我来拿吧。

小英　好吧，手提包放你那里❼＿＿＿＿＿。我总是❽＿＿＿＿＿的。

东民　好，都准备得差不多了。

2 위의 회화를 보고 다음 질문에 중국어로 대답해 보세요.

❶ 衣服放到哪里?　　🎤 ＿＿＿＿＿＿＿＿＿＿＿＿

❷ 相机要怎么带着?　🎤 ＿＿＿＿＿＿＿＿＿＿＿＿

❸ 哪些东西放手提包里?　🎤 ＿＿＿＿＿＿＿＿＿＿＿＿

❹ 小英上次怎么了?　🎤 ＿＿＿＿＿＿＿＿＿＿＿＿

Track42

1 녹음을 듣고 빈칸을 채운 후, 읽어 보세요.

跟团游还是自助游?

我和几个好朋友打算一起去旅游。他们因为太忙，所以都❶_____

_____。朋友说这次就❷_____了。我向旅行社❸_____

_____，跟团旅游的话，酒店、车、导游，还有购物，旅行社

全都❹_____，所以很方便。问题是没有❺_____，

一切都得❻_____。然后我又❼_____，如果是自

助游，费用有点儿贵。应该❽_____好呢? 我又想了想，虽

然自助游❾_____便宜，可是❿_____，要玩儿

得开心、自在才对。那选择自助游吧！

2 제시된 단어를 이용하여 다음 문장을 중국어로 써 보세요.

❶ 친구가 이번에 전적으로 나만 믿는다고 말했습니다. (靠)

➡ _____

❷ 여행사에서 전부 책임지고 안배해서 아주 편합니다. (负责)

➡ _____

❸ 문제는 자유 활동이 없고, 일체 다 안배에 따라야 된다는 겁니다. (一切, 听从)

➡ _____

❹ 자유 여행은 패키지여행만큼 싸지 않습니다. (不如)

➡ _____

❺ 모처럼 한 번 나갔다 오는 건데 즐겁고, 자유롭게 놀아야 합니다. (难得)

➡ _____

3 다음 질문에 자유롭게 중국어로 말해 보세요.

❶ 你喜欢自助游还是跟团游?

🎤 _____

❷ 请说说你最喜欢的一次旅游。

🎤 _____

정답

1과 好久不见!
오랜만이네요!

맛있는 단어

1 ❶ 好久不见 　❷ 老样子
　❸ 전화가 안 되다 　❹ 留
　❺ (만일) ~라면 　❻ 끼니, 차례, 바탕
　❼ 급한 일 　❽ 改天
　❾ 一路平安 　❿ 억양, 말투

2 ❶ 你去中国的话，帮我买一本书，好吗?
　❷ 什么时候有空? 咱们一起吃顿饭。
　❸ 今天太忙，我一点儿都没吃，现在饿死了。
　❹ 这是爷爷留给我的东西。

3 ❶ 我还是老样子。
　❷ 你最近忙什么呢?
　❸ 是这样啊。
　❹ 那我等你的电话。

맛있는 회화

1 ❶ 你过得怎么样 　❷ 老样子
　❸ 电话怎么打不通 　❹ 我换号码了
　❺ 留个电话号码 　❻ 咱们吃顿饭吧
　❼ 行 　❽ 再联系吧

2 ❶ 他还是老样子。
　❷ 她换号码了。
　❸ 他这个星期没空。
　❹ 他要下个星期联系阿美。

맛있는 이야기

1 ❶ 去参加 　❷ 见到
　❸ 第一次参加 　❹ 没想到
　❺ 她变了很多 　❻ 不光
　❼ 而且 　❽ 认不出来
　❾ 聊现在的生活 　❿ 回忆过去的事儿

2 ❶ 上个月我去参加了小学同学会。
　❷ 这次是我小学毕业以后第一次参加。
　❸ 没想到我的同桌也来了。
　❹ 她不光长得漂亮了，而且性格也活泼了。
　❺ 如果她不介绍自己，我都认不出来了。

3 [참고 답안]
　❶ 我的同桌不光长得很帅，而且性格也很好。
　❷ 我一次也没参加过。我很想参加同学会，我很想我的同学。

2과 你平时几点起床?
당신은 평소 몇 시에 일어나요?

맛있는 단어

1 ❶ 平时 　❷ 起床
　❸ 보통이다, 일반적이다 　❹ 晚
　❺ 새벽 　❻ 改
　❼ 不用 　❽ 정시에, 정각에
　❾ 加 　❿ 충분하다

2 ❶ 一个面包不够吃，再来一个吧。
　❷ 你应该把这个坏习惯改过来。
　❸ 明天下不下雨不好说。
　❹ 奶奶每天早上去公园锻炼身体。

3 ❶ 一般十点起床。
　❷ 玩儿游戏呀。
　❸ 不好改也得改。
　❹ 你不用担心。

맛있는 회화

1 ❶ 平时几点起床 　❷ 起得那么晚
　❸ 到凌晨两三点 　❹ 对你的身体
　❺ 早睡早起 　❻ 谁不知道
　❼ 已经习惯了 　❽ 改过来

2 ❶ 他平时十点起床。
　❷ 他晚上玩儿游戏，经常玩儿到凌晨两三点。
　❸ 小英让东民早睡早起。
　❹ 他觉得不好改。

1 ❶ 六点就起床　　　❷ 除了星期天
　 ❸ 不用上课　　　　❹ 比较轻松
　 ❺ 一玩儿起来　　　❻ 时间很晚
　 ❼ 我的口头禅　　　❽ 写报告
　 ❾ 忙得要命　　　　❿ 什么时候才能

2 ❶ 除了星期天以外，我都起得很早。
　 ❷ 星期天我一般都会睡懒觉。
　 ❸ 一玩儿起来能玩儿到凌晨两三点。
　 ❹ 我每天忙得要命。
　 ❺ 什么时候才能清闲一下呢？

3 [참고 답안]
　 ❶ 我平时六点起床，然后去公园跑步，七
　 　 点吃完早饭后，去公司上班。
　 ❷ 我觉得生活忙点儿更好，但也要找时间
　 　 好好儿休息。

3과　我看你心情不好。
보아하니 당신은 기분이 좋지 않은 것 같아요.

1 ❶ 心情　　　　　　❷ 말다툼하다
　 ❸ 为了　　　　　　❹ 괴롭다, 슬프다
　 ❺ 한번 해 보다　　❻ 烦
　 ❼ 分手　　　　　　❽ 紧张
　 ❾ 곁　　　　　　　❿ 寂寞

2 ❶ 他们又吵架了？怎么回事儿？
　 ❷ 我一考试就紧张。
　 ❸ 为了能有一个好身体，他每天锻炼。
　 ❹ 你怎么又迟到了？气死我了。

3 ❶ 我看你心情不好。
　 ❷ 就为了一件小事儿。
　 ❸ 他可能等着你的电话呢。
　 ❹ 不会的，你试试看。

1 ❶ 吵了一架　　　　❷ 没打电话了
　 ❸ 就为了　　　　　❹ 又想了想
　 ❺ 大吵大闹　　　　❻ 这么难过
　 ❼ 不接我的电话　　❽ 要不要我帮你
　 ❾ 不用了　　　　　❿ 自己打

2 ❶ 因为她跟男朋友吵架了。
　 ❷ 她一个星期没跟男朋友打电话了。
　 ❸ 她觉得不应该跟男朋友大吵大闹。
　 ❹ 她担心男朋友不接她的电话。

1 ❶ 一直很郁闷　　　❷ 改善心情
　 ❸ 说说笑笑　　　　❹ 说不定
　 ❺ 要不　　　　　　❻ 还不行
　 ❼ 别想着　　　　　❽ 大吃一顿
　 ❾ 就白费了　　　　❿ 最后一招

2 ❶ 有没有改善心情的方法呢？
　 ❷ 跟朋友们说说笑笑，说不定能放松。
　 ❸ 要不吃点儿巧克力怎么样？
　 ❹ 那我一个月的努力就白费了。
　 ❺ 这个也不行，那个也不行。

3 [참고 답안]
　 ❶ 我考试考得不好的时候，我会很郁闷。
　 ❷ 我觉得一边跑步一边听音乐是个改善心
　 　 情的好方法。

정답

4과
吃得太饱了，吃不下了。
너무 배부르게 먹어서 더 못 먹겠어요.

맛있는 단어

1 ❶ 肉 ❷ 연하다
❸ 老 ❹ 口感
❺ 怕 ❻ 开玩笑
❼ 남기다, 남다 ❽ 打包
❾ 盐 ❿ 咸

2 ❶ 我身体很难受，什么也吃不下。
❷ 太淡了，再放点儿盐吧。
❸ 弟弟不爱学习，整天玩儿游戏。
❹ 你已经到了？稍等，我马上就到。

3 ❶ 还是你会点菜。
❷ 口感特别好。
❸ 吃多了我怕胖。
❹ 那剩下的打包吧。

맛있는 회화

1 ❶ 我点的菜 ❷ 我常来这里
❸ 这个肉做得 ❹ 那你多吃点儿
❺ 怕什么 ❻ 马上就胖了
❼ 跟你开玩笑 ❽ 太饱了

2 ❶ 因为他常来那家饭馆儿。
❷ 她觉得那个肉做得真嫩，口感特别好。
❸ 因为她吃得太饱了。
❹ 剩下的可以打包。

맛있는 이야기

1 ❶ 肚子很饿 ❷ 还有一些
❸ 只有几个 ❹ 鸡蛋炒饭
❺ 说做就做 ❻ 放在碗里
❼ 放一点儿油 ❽ 倒进去
❾ 然后关火 ❿ 既简单又好吃

2 ❶ 打开电饭锅，里边还有一些米饭。
❷ 可是冰箱里只有几个鸡蛋。
❸ 做个鸡蛋炒饭怎么样？说做就做。
❹ 把鸡蛋放到锅里，炒一下。
❺ 这样既简单又好吃的鸡蛋炒饭就做好了!

3 [참고 답안]
❶ 我会做炒饭，煮方便面。
❷ 我吃过很多中国菜，最喜欢的是麻辣烫。麻辣烫里有各种各样的蔬菜和肉，非常好吃。

단어 蔬菜 shūcài 명 채소

5과
你猜他多大年纪？
저 분의 연세가 어떻게 되는지 맞혀 볼래요?

맛있는 단어

1 ❶ 교수 ❷ 指
❸ 前排 ❹ 中间
❺ 안경 ❻ 种
❼ 活动 ❽ 眼睛
❾ 受欢迎 ❿ 외모

2 ❶ 姐姐喜欢流行文化，穿得很时髦。
❷ 恭喜你找到工作了! 这套西装送给你。
❸ 王教授太忙了，抽不出时间过来。
❹ 你这副眼镜是新换的吧？

3 ❶ 你指给我看看。
❷ 坐在前排中间。
❸ 你猜他多大年纪？
❹ 我们过去打个招呼吧。

맛있는 회화

1 ❶ 是哪一位 ❷ 一套灰色西装
❸ 在学校见过他 ❹ 参加这种活动
❺ 抽不出时间 ❻ 看起来只有五十
❼ 都快六十了 ❽ 打个招呼

2 ❶ 他坐在前排中间。
❷ 他穿着一套灰色西装。
❸ 因为他太忙了，抽不出时间。
❹ 他快六十了。

1 ❶ 追过她 ❷ 书呆子
❸ 个子有一米八 ❹ 动不动就吵架
❺ 本来以为 ❻ 把他甩了
❼ 原来 ❽ 自己的真爱

2 ❶ 阿美上大学的时候，很多男生追过她。
❷ 她的第一个男朋友戴副眼镜，长得斯斯文文的。
❸ 因为他们动不动就吵架，所以分手了。
❹ 阿美本来以为他是个好人。
❺ 可是最后阿美把他甩了，原来他是个花心大萝卜。

3 [참고 답안]
❶ 我以前交过两个男朋友，我现在的男朋友是我的第三个男朋友。
❷ 他个子很高，有一米八，戴副眼镜，斯斯文文的，很多女生追他。

你有什么爱好？
당신은 무슨 취미가 있나요?

1 ❶ 无聊 ❷ 节目
❸ 选择 ❹ 新闻
❺ 등등, 따위 ❻ 산보하다, 산책하다
❼ 감상하다 ❽ 节日
❾ 当 ❿ 현지, 현장

2 ❶ 我喜欢去旅游，但是旅游很费钱。
❷ 在家做饭不如去外边吃。
❸ 你找别人吧，我今天去不了。
❹ 他每天工作十几个小时，很辛苦。

3 ❶ 你有什么爱好？
❷ 我呀，没什么特别的。
❸ 有什么好看的？
❹ 一会儿有我喜欢的节目。

1 ❶ 就是爱看电视 ❷ 我最讨厌
❸ 太无聊了 ❹ 可以选择
❺ 什么的 ❻ 还不如
❼ 出去散散步 ❽ 慢慢儿欣赏

2 ❶ 她爱看电视。
❷ 他觉得看电视太无聊了。
❸ 他觉得看电视还不如睡一会觉。
❹ 因为一会儿有她喜欢的节目。

1 ❶ 经常去健身房 ❷ 至少三次
❸ 可以说 ❹ 懒得
❺ 就变胖了 ❻ 那么健康
❼ 再不运动 ❽ 就要生病了
❾ 坚持锻炼 ❿ 以前的样子

2 ❶ 那时我的身体很健康，每天都有活力。
❷ 可以说健身是我最大的快乐。
❸ 我平时下班晚，懒得去健身房。
❹ 不到半年，我就变胖了。
❺ 从今天开始，我要坚持锻炼。

3 [참고 답안]
❶ 我很懒，一周只去一次健身房。
❷ 我觉得跑步、游泳、骑自行车都是锻炼身体的好方法。

这次饶了我吧。
이번에는 나 좀 봐줘요.

맛있는 단어

1 ❶ 齐 　　　　❷ 聚会
❸ 出故障 　　❹ 움직이다
❺ 真是 　　　❻ 饶
❼ 만날 때까지 기다리다 ❽ 정하다
❾ 守 　　　　❿ 취소하다, 철회하다

2 ❶ 今天早上地铁出故障了，我又迟到了。
❷ 大家都到齐了，咱们出发吧。
❸ 明天在麦当劳门口见，不见不散!
❹ 今天的约会取消了，所以我就回家了。

3 ❶ 大家都到齐了吗?
❷ 就差你了。
❸ 真对不起大家。
❹ 你也真是的。

맛있는 회화

1 ❶ 都到齐了 　　❷ 都等着你呢
❸ 我去不了了 　❹ 出故障了
❺ 三十多分钟 　❻ 连动也没动
❼ 怎么现在才 　❽ 饶了我

2 ❶ 除了东民以外，都到齐了。
❷ 因为这次聚会，他去不了了。
❸ 他现在在地铁里呢。
❹ 他坐的地铁出故障了。

맛있는 이야기

1 ❶ 开车去相亲 　❷ 停在路边
❸ 半天才修好 　❹ 没嫌麻烦
❺ 来不及了 　　❻ 特意买了一束花
❼ 约会地点 　　❽ 很吃惊
❾ 越聊越投机 　❿ 成了一对

2 ❶ 路上碰到一个女孩儿车坏了。
❷ 小林会修车，于是他下车帮女孩儿修。
❸ 他一点儿也没嫌麻烦。
❹ 马上就要到约会时间了，小林觉得来不及了。
❺ 两个人越聊越投机，而且觉得很有缘分。

3 [참고 답안]
❶ 我相过一次亲。但是相亲的时候，我不知道说什么，所以我不太喜欢相亲。
❷ 我帮助过别人，也帮助过小猫。有一次，我看到路边的小猫受伤了，就把它送到了医院。

 听说明天雾霾很严重。
듣자 하니 내일 미세먼지가 심하대요.

맛있는 단어

1 ❶ 严重 　　　❷ 두렵다, 무섭다
❸ 最好 　　　❹ 呆
❺ 音乐剧 　　❻ 예약하다
❼ 退 　　　　❽ 마스크
❾ 气温 　　　❿ 온도차

2 ❶ 秋天早上天气很凉，白天很热。
❷ 听说他被车撞了，严重吗?
❸ 外面太冷了，快进屋来。
❹ 昨天买的这双鞋穿起来不舒服，退了吧。

3 ❶ 明天最好别出去了。
❷ 票都订好了。
❸ 戴上口罩就没事了。
❹ 那就听你的。

맛있는 회화

1 ❶ 太可怕了 　　❷ 呆在家里吧
❸ 不是说 　　　❹ 看音乐剧吗
❺ 要不把票退了 ❻ 改天
❼ 你怕什么 　　❽ 还是去吧

2 ❶ 听说明天雾霾很严重。
　❷ 他们原来计划明天去看音乐剧。
　❸ 他觉得戴上口罩就没事了。
　❹ 我觉得东民更想去看音乐剧。

1 ❶ 天气预报　　　❷ 计划表
　❸ 天气晴　　　　❹ 带雨伞出门
　❺ 被雨淋了　　　❻ 看来得戴上
　❼ 呆在家里算了　❽ 露一手
　❾ 差点儿忘了　　❿ 就要到期了

2 ❶ 星期一，天气晴，是个洗衣服的好天气。
　❷ 这次不能再忘了。
　❸ 看来得戴上口罩出门。
　❹ 星期四，又下雨，呆在家里算了。
　❺ 我差点儿忘了，从图书馆借来的书，这
　　一天就要到期了。

3 [참고 답안]
　❶ 我被雨淋过好几次。我出门时不看天气
　　预报，如果突然下雨的话，我可能就会
　　被雨淋。
　❷ 我更喜欢下雪天。下完雪以后，世界都
　　变白了，很漂亮。

9과 花钱容易挣钱难啊!
돈을 쓰기는 쉽지만 벌기는 어려워요!

맛있는 단어

1 ❶ 对着　　　　　　❷ 탁상 달력
　❸ 发呆　　　　　　❹ 계산하다, (수를) 세다
　❺ 发工资　　　　　❻ 적자가 나다
　❼ 需要　　　　　　❽ 款式
　❾ 더럽다, 지저분하다　❿ 사장

2 ❶ 你穿多大号的衣服?
　❷ 教室里一共有多少人? 你帮我数一下。
　❸ 对不起，我不需要你的帮助。
　❹ 工作怎么样? 一个月能挣多少钱?

3 ❶ 怎么? 又透支啦?
　❷ 真拿你没办法。
　❸ 现在才知道呀?
　❹ 你需要多少?

맛있는 회화

1 ❶ 发什么呆　　　❷ 数还有几天
　❸ 你这个月光族　❹ 花钱容易挣钱难
　❺ 大手大脚　　　❻ 我会改的
　❼ 借给我点儿钱　❽ 就还你

2 ❶ 她在数还有几天发工资。
　❷ 她觉得挣钱很难。
　❸ 他让妹妹平时别大手大脚的。
　❹ 她向小林借五百块钱。

맛있는 이야기

1 ❶ 逛商店　　　　❷ 在网上买东西
　❸ 工资不高　　　❹ 却很多
　❺ 就是为了　　　❻ 辛辛苦苦
　❼ 出了点儿麻烦　❽ 被停了
　❾ 书名叫　　　　❿ 需要这本书

2 ❶ 不管是逛商店，还是在网上买东西，我
　　都喜欢。
　❷ 虽然工资不高，可是花钱的地方却很多。
　❸ 我认为挣钱就是为了享受。
　❹ 最近出了点儿麻烦，我的信用卡被停了。
　❺ 今天我在网上看到了一本书，我非常需
　　要这本书。

3 [참고 답안]
　❶ 我是个月光族。我现在打工，挣得不多，
　　但是花得多，每个月的工资都会花光。
　❷ 我不喜欢用信用卡。用信用卡的话，我
　　总是不知道自己花了多少钱，这样会花
　　很多钱。

你哪儿不舒服?
당신은 어디가 불편하세요?

맛있는 단어

1
① 胃   ② 恶心
③ 증세, 증상   ④ 위염
⑤ 위 내시경   ⑥ 检查
⑦ 睡不着   ⑧ 头晕
⑨ 목, 목구멍   ⑩ 发烧

2
① 我今天陪奶奶去医院做检查了。
② 我的胃炎又犯了。
③ 他除了流鼻涕，没有别的症状。
④ 他病得很严重，今天上不了班了。

3
① 你哪儿不舒服?
② 没有别的症状吗?
③ 平时吃早饭吗?
④ 早上空着肚子很不好。

맛있는 회화

1
① 胃疼得厉害   ② 有点儿恶心
③ 好像没有   ④ 大概一个月以前
⑤ 离家比较远   ⑥ 那也得吃早饭
⑦ 我看你可能   ⑧ 胃镜检查

2
① 他胃疼得厉害，而且有点儿恶心。
② 他大概一个月以前开始胃疼的。
③ 因为学校离家比较远，所以他没时间吃早饭。
④ 医生让东民去做个胃镜检查，而且告诉他平时要吃早饭。

맛있는 이야기

1
① 发炎了   ② 睡不着
③ 让我拔掉它   ④ 我怕疼
⑤ 疼得受不了   ⑥ 非拔掉它
⑦ 并没想象的   ⑧ 白担心了
⑨ 真后悔没早点儿

2
① 这几天晚上睡不着。
② 医生让我拔掉它。
③ 这次疼得受不了了，非拔掉它不可了。
④ 原来拔牙并没想象的那么疼，以前真是白担心了。
⑤ 我真后悔没早点儿拔牙。

3 [참고 답안]
① 小时候我喜欢吃甜的，牙很不好，经常疼。
② 我会去拔掉它。以前我担心拔牙很疼，但其实智齿发炎会更疼。

你又得了奖学金。
당신은 또 장학금을 받았군요.

맛있는 단어

1
① 得   ② 장학금
③ 行   ④ 검손하다
⑤ 거만하다, 자랑스럽다   ⑥ 秘诀
⑦ 笔记   ⑧ 算数
⑨ 논문   ⑩ 通过

2
① 他学习特别好，每次都能得奖学金。
② 这次考试又考砸了。
③ 为了写好论文，他每天泡在图书馆。
④ 这是真的吗? 你说话算数。

3
① 你真行啊!
② 哪儿啊，是我运气好。
③ 你别谦虚了。
④ 把你的笔记借给我看看。

맛있는 회화

1
① 又得了奖学金   ② 有什么秘诀
③ 没什么   ④ 就是
⑤ 好好儿复习   ⑥ 打算怎么花
⑦ 请你吃顿饭   ⑧ 说话算数

2 ❶ 不是，他是一个谦虚的人。
  ❷ 他得奖学金的秘诀就是好好儿上课，
    好好儿复习。
  ❸ 她向东民借东民的笔记。
  ❹ 他要先请阿美吃饭。

1 ❶ 我考砸了　　　❷ 既简单又有趣
  ❸ 特意选了　　　❹ 好不容易
  ❺ 不至于不及格　❻ 偏偏感冒了
  ❼ 完全不一样　　❽ 连一道题也
  ❾ 白熬夜　　　　❿ 结果出来了

2 ❶ 考试以前，我好不容易弄到了复习资料。
  ❷ 心想这次考试不至于不及格吧。
  ❸ 考试那天我偏偏感冒了。
  ❹ 考试题和复习资料完全不一样。
  ❺ 白熬夜看了那么久，还累得要命。

3 [참고 답안]
  ❶ 我考砸过。有一次考试，我一点儿也没
    准备，结果不及格。
  ❷ 考试的前几天，我不太认真复习；考试
    的前一天，我经常熬夜看复习资料。

12과 那要绕很远。
그럼 멀리 돌아가야 해요.

1 ❶ 司机　　　　❷ 러시아워
  ❸ 小路　　　　❹ 멀리 돌아가다
  ❺ 只要　　　　❻ 面试
  ❼ 尽量　　　　❽ 送
  ❾ 자리, 좌석　❿ 번, 차례

2 ❶ 只要你喜欢，我就开心。
  ❷ 你明天几点下飞机？我去接你。
  ❸ 别走小路，还是走大路吧。
  ❹ 我一直肚子疼，今天去了三趟洗手间。

3 ❶ 我有急事。
  ❷ 这个不好说。
  ❸ 车堵得太厉害。
  ❹ 今天我要参加面试。

1 ❶ 高峰时间　　❷ 要不走小路
  ❸ 那要绕很远　❹ 只要
  ❺ 就行　　　　❻ 咱们走小路
  ❼ 尽量快点儿　❽ 送过去

2 ❶ 因为现在是高峰时间。
  ❷ 她让司机走小路。
  ❸ 走小路会绕很远。
  ❹ 因为她今天要参加面试。

1 ❶ 只有　　　　❷ 才不会觉得累
  ❸ 过了两站　　❹ 站起来要下车
  ❺ 我正要坐　　❻ 挤过来
  ❼ 抢走了　　　❽ 可以坐下来
  ❾ 吵得　　　　❿ 可怎么过

2 ❶ 我每天起得很早，只有在地铁里睡一会
    儿，才不会觉得累。
  ❷ 坐在我前边的人站起来要下车。
  ❸ 我正要坐，突然旁边的一个人挤过来。
  ❹ 我心想终于可以坐下来睡觉了。
  ❺ 说话声音非常大，吵得我睡不着。

3 [참고 답안]
  ❶ 如果不太远的话，我喜欢走路；如果一
    定要坐车的话，我一般选择坐地铁。
  ❷ 我觉得在车里睡觉很不舒服，所以我一
    般不在车里睡觉。

13과 我终于找到工作了!
나는 드디어 취직했어요!

맛있는 단어

1
❶ 부러워하다
❷ 이력서를 내다
❸ 投
❹ 简历
❺ 채용하다, 임용하다
❻ 노력은 뜻이 있는 사람을 저버리지 않는다
❼ 顺便
❽ 哭
❾ 身材
❿ 날씬하다

2
❶ 他的工作很轻松，工资又高，真让人羡慕。
❷ 他运动了一年多，身材变好了。
❸ 你下楼的时候，顺便把垃圾扔了。
❹ 我往那家公司投简历了。

3
❶ 我终于找到工作了!
❷ 是吗? 恭喜你啊!
❸ 你的努力没有白费啊!
❹ 怎么才能进那么好的公司呢?

맛있는 회화

1
❶ 你上次说的
❷ 就是那家
❸ 很多简历
❹ 面试了很多次
❺ 被录用
❻ 功夫不负有心人
❼ 才能进
❽ 顺便告诉你

2
❶ 她被一家IT公司录用了。
❷ 东民很羡慕阿美。
❸ 她投了很多简历，面试了很多次。
❹ 她要请东民吃饭的时候告诉东民那个秘诀。

맛있는 이야기

1
❶ 最重要的
❷ 竞争非常激烈
❸ 同样一份工作
❹ 一点儿优势
❺ 面试了十多家
❻ 又看不上我
❼ 一直鼓励我
❽ 别着急
❾ 适合自己
❿ 简直太难了

2
❶ 对我来说，最重要的事情就是找工作。
❷ 现在找工作竞争非常激烈。
❸ 工资少的公司，我不想去; 工资高的公司又看不上我。
❹ 幸好父母一直鼓励我，让我别着急。
❺ 难道我真的找不到这样的工作吗?

3 [참고 답안]
❶ 我觉得硕士生比大学生更有优势，很多公司更喜欢硕士生。
❷ 在韩国，大学生找工作很不容易。现在工作比较少，但是需要工作的人非常多，竞争很激烈。

14과 我们收拾行李吧。
우리 짐을 정리해요.

맛있는 단어

1
❶ 旅行箱
❷ 사진기
❸ 随身
❹ 핸드백, 손가방
❺ 안전하다
❻ 保管
❼ 늘, 항상, 언제나
❽ 비용
❾ 超过
❿ 度蜜月

2
❶ 去首尔的机票都卖光了。
❷ 这次旅行我花得不多，没超过一万块钱。
❸ 约会的时候，他总是迟到!
❹ 今天的工作都做得差不多了，大家下班吧。

3
❶ 我们收拾行李吧。
❷ 要不要带上相机?
❸ 还是我来拿吧。
❹ 都准备得差不多了。

맛있는 회화

1
❶ 要带的衣服
❷ 当然要带上
❸ 随身带着吧
❹ 都放手提包里
❺ 我来保管
❻ 丢了一次
❼ 比较安全
❽ 丢三落四

2 ❶ 衣服放到大旅行箱里。

❷ 相机要随身带着。

❸ 护照、机票、钱包都放手提包里。

❹ 她上次丢了一次手提包。

맛있는 이야기

1 ❶ 让我准备   ❷ 全靠我

❸ 打听了一下   ❹ 负责安排

❺ 自由活动   ❻ 听从安排

❼ 算了一下   ❽ 选择哪一种

❾ 不如跟团游   ❿ 难得出去一趟

2 ❶ 朋友说这次就全靠我了。

❷ 旅行社全都负责安排，所以很方便。

❸ 问题是没有自由活动，一切都得听从安排。

❹ 自助游不如跟团游便宜。

❺ 难得出去一趟，要玩儿得开心、自在才对。

3 [참고 답안]

❶ 如果是在国内的话，我喜欢自助游；如果是去国外的话，我可能会选择跟团游。

❷ 大一暑假的时候，我跟家人一起去中国旅游。那时我的汉语不太好，我用很简单的汉语跟中国人说话。在中国，我们看到了美丽的风景，吃到了好吃的中国菜，遇到了热情的中国人。我很喜欢那次旅游。